LE NOTARIAT

CONSIDÉRÉ DANS SES RAPPORTS INTIMES ET JOURNALIERS

AVEC LA MORALE.

La Rochelle. — Typ. de DAUSSE et A. SIRET
RUE GROSSE-HORLOGE, N° 6.

LE
NOTARIAT

CONSIDÉRÉ

DANS SES RAPPORTS INTIMES ET JOURNALIERS

AVEC LA MORALE

OUVRAGE PRÉCÉDÉ D'UN COUP D'ŒIL RAPIDE SUR L'INSTITUTION NOTARIALE DEPUIS LES TEMPS
LES PLUS RECULÉS JUSQU'A NOS JOURS,

ET SUIVI D'UN APPENDICE

Contenant les Lois et Ordonnances qui régissent actuellement le Notariat, avec des notes de concordance ; — d'un Projet
de tarif pour les honoraires des Notaires, — et d'un Tableau succinct des droits d'enregistrement applicables
aux Actes notariés, avec projet de Réforme pour quelques uns de ces droits.

Par M. R....., Notaire.

> Les lumières, sans la vertu, feraient du Notaire
> le fléau de la Société. MASSÉ.

PARIS,

CHEZ DURAND, LIBRAIRE,

RUE DES GRÉS, 3.

—

1847
1846

L'ouvrage que nous livrons au public manquait
absolument au Notariat. Plus d'un homme grave
l'avait senti , et , près d'abandonner la carrière
notariale pour y mettre son fils ou l'élève de son
choix à sa place , avait regretté de ne pouvoir
lui indiquer, dans les rayons de sa bibliothèque,
un livre où les prescriptions de la conscience, relativement à cette importante profession , fussent

soigneusement tracées ; un écrivain du XVIIe
siècle, époque où la religion avait encore beaucoup d'empire sur les masses, pénétré des mêmes
sentiments , consigna dans un petit volume
in-12 (1) ses réflexions et ses conseils à cet égard.
Mais combien , sous tous les rapports , nous
sommes éloignés de ce temps-là , combien la
société actuelle diffère avec ses habitudes pro-
digieuses de luxe et son besoin immodéré d'argent , après ses mille secousses et ses aventu-
reuses et gigantesques créations , livrée surtout
à l'action incessante de la presse, de cette société ancienne, aux allures si calmes et si réglées !

La fin du XVIIIe siècle a vu se répandre
des doctrines philosophiques qui ont porté aux
croyances et aux mœurs la plus rude atteinte.

La noblesse fut la première à saluer cette
étoile du bel esprit, ou si vous aimez mieux,
de l'incrédulité railleuse qui se levait brillante,
mais escortée de nuages horriblement chargés
de tempêtes. Son châtiment a été terrible et
dure encore.

---

(1) *Réflexions morales sur les devoirs des Notaires.* — Paris ,
Michel Guérout , 1690. — V. *Philosophie du Notariat*, par M.
CELLIER, ancien notaire à Rouen.

Puis vint la bourgeoisie, dont le règne est présentement dans tout son éclat, mais dont la ruine prochaine se lit déjà dans le système de morcellement sans limites des propriétés territoriales : Si le château avec ses tourelles a disparu sur la fin du xviiie siècle, la maison de campagne plus modeste, mais néanmoins très-confortable, se démolit au xixe, et fait place à la chaumière. De nos jours, l'aristocratie de la charrue semble devoir succéder à l'aristocratie bourgeoise et industrielle, qui, elles-mêmes, avaient remplacé l'aristocratie féodale. C'est ainsi que dans le monde, les différentes classes sociales se portent réciproquement les coups que leur réservait la justice divine. A notre avis ils font preuve de beaucoup de sens, les grands seigneurs qui s'attachent de nos jours à l'agriculture; ils commencent à remonter l'échelle du haut de laquelle on les avait naguère précipités.

Combien aujourd'hui le moraliste chrétien est-il péniblement affecté en voyant les efforts que la bourgeoisie semble faire pour se passer de religion ! Dans son aberration funeste, elle tâche de se créer des idoles à son usage tout particulier. En général, voyez : c'est le bon sens,

c'est l'honneur, c'est l'amour-propre, le savoir-
vivre que de toutes parts l'on invoque. Mais
ignore-t-on donc que l'honneur purement philo-
sophique est une monnaie presque sans titre et
qui perd facilement sa valeur douteuse dans le
commerce journalier du monde?

C'est donc, à notre gré, faire acte de bon
citoyen; que de venir rappeler à la classe bourgeoise qui repeuple à-peu-près exclusivement les
rangs du Notariat, le point de vue religieux du
haut duquel il faut nécessairement considérer les
fonctions notariales, comme toute autre profession libérale, pour les bien remplir. Assez
d'autres dans ces derniers temps ont, avec
distinction, tracé les devoirs des Notaires sous le
rapport légal; il convient que nous l'envisagions,
à notre tour, sous celui de la morale. Quel est le
père de famille, quel sera le protecteur ou l'ami
d'un aspirant au Notariat qui refusera de mettre
entre les mains d'une jeunesse admirablement
studieuse, un livre où seront tracés les devoirs
rigoureux qu'une noble profession impose à la
conscience? On nous objectera peut-être que le
cri de la conscience est assez fort pour être entendu de lui-même, et qu'il est impossible de

réduire en règles fixes et invariables les exigences de tous les instants. Si cela est généralement plausible, alors que la morale chrétienne exerce un grand empire sur les peuples, cette thèse n'offre-t-elle pas des exceptions nombreuses à des époques critiques où toutes les passions sont en jeu et trônent en reines ; de plus ne savons-nous pas aussi que l'expérience seule indique le plus souvent le parti qu'il faut prendre dans des conjonctures embarrassantes, que les conseils d'un ami deviennent parfois nécessaires, et qu'en marchant seul pas à pas, et pour ainsi dire à tâtons, l'on risque de faire fréquemment des chutes regrettables ?

En venant ainsi remplir une lacune dans la vaste collection des ouvrages utiles au Notariat (1), une seule crainte nous préoccupe, une seule appréhension nous tourmente, c'est que véritablement nous ne sommes point à la hauteur de notre mission. Nos efforts ont bien été assez actifs, mais ils ne sont pas toujours un sûr garant du succès dans les entreprises difficiles.

---

(1) M. Rolland de Villargues, dans son savant traité, intitulé le *Code du Notariat*, rend compte de cent trois ouvrages différens, tous relatifs à la science purement notariale.

Pourtant cette pensée d'un ancien auteur, que quelque imparfait que soit un ouvrage, il contient toujours quelques réflexions et quelques avis profitables, nous soutient et nous encourage.

Nous n'avons pas cru devoir faire un scolastique et aride traité de morale ; un tel genre d'écrit aurait déplu à la classe des lecteurs que nous avons en vue. Nous tenions surtout à mettre l'exemple à côté du précepte, et à puiser les faits qui doivent servir de modèles dans les fastes mêmes du Notariat et parmi les actions qui l'honorent. Un grand génie que l'Église vénère (1), a dit avec beaucoup de raison : « Si nous » voulons imiter le commun des hommes, nous » serons toujours imparfaits comme eux. » Cette vérité nous a frappé et nous avons voulu en tirer parti dans l'intérêt de nos confrères, de ceux surtout qui, jeunes encore, font les premiers pas dans la carrière. Pourront-ils à cet âge qu'embellissent les plus riantes illusions, que charme l'espérance, ne pas arrêter leurs regards sur ces pages tracées dans le but unique de les éloigner de la voie commode, mais fatale de l'erreur et

____

(1) Saint Bernard.

du mal, et de les maintenir dans cette ligne honorable, gage de l'avenir le plus heureux et que la probité doit suivre nécessairement sous l'aile tutélaire de la religion.

C'est donc à cette foule d'aspirants au Notariat, jeunes intelligences droites, généreuses, avides du vrai, que nous dédions ce livre. A leur âge, le cœur est facile à émouvoir, et les saintes inspirations de la vertu ont ordinairement sur lui un ascendant salutaire. Pour exciter davantage l'intérêt et les sympathies de nos lecteurs, nous allons leur redire naïvement le fait qui nous a déterminé à publier cet écrit. Espérons que si sa lecture a pu être utile à un jeune homme, rien ne s'opposera à ce qu'elle le soit également à mille. Cet espoir d'être entendu et compris d'un si grand nombre d'intelligences d'élite, charme notre pensée, et nous dédommmage par avance des veilles consacrées à ce travail.

Dans les premiers jours de 1844, nous nous trouvions à bord d'un des bateaux à vapeur qui desservent les ports de la Gironde. Déjà, nous avions dépassé la ville de Pauillac, et le beau

fleuve développait alors sa majestueuse surface
que ridait un vent favorable du N.-E. Peu de
voyageurs contemplaient cet intéressant tableau :
la plus grande partie se tenait abritée dans les
deux salles du bâtiment. En cet instant, nous
nous trouvâmes vis-à-vis d'un beau jeune homme
de vingt-trois ou vingt-quatre ans, à la figure
pâle, noblement expressive et encadrée dans une
imposante barbe noire. Nous l'avions remarqué
dès le moment du départ et il nous avait semblé
malade ou du moins vivant sous l'influence de
quelque douleur morale d'une certaine gravité.
On s'intéresse naturellement au malheureux, sa
peine est un lien qui nous enchaîne aussitôt à sa
personne. Ayant, dès lors, engagé la conversation avec le jeune voyageur, nous ne tardâmes
pas à connaître la majeure partie de son histoire.

« Je poursuivais tranquillement à M..., nous
dit-il, le cours de mes études notariales, lorsque, diverses circonstances fâcheuses, mais, il
faut le dire, pour la plupart, indépendantes de
la volonté du Notaire chez lequel j'étais placé,
mirent le trouble dans l'étude et me forcèrent
à me retirer ; j'allais en instruire mon père,
mais, sur ces entrefaites, une mort rapide me

l'enleva. Depuis long-temps, j'avais perdu l'amie véritable de mon enfance, cette bonne mère dont le nom seul éveille dans mon cœur tant de souvenirs et de regrets. Un oncle me restait, il voulut bien se charger de la gestion de mes affaires et de la tutelle de mes deux sœurs encore dans l'âge le plus tendre.

» Ce parent, d'un caractère bon et sensible mais systématique, met en ce moment tous ses efforts à me détourner de la carrière du Notariat. Les faits isolés d'inconduite et d'abus de confiance qui ont naguères retenti dans les feuilles publiques au sujet de quelques Notaires, lui ont inspiré pour leur profession un dégoût et une aversion profonde qu'il ne peut maîtriser et qu'il s'efforce, par tous les moyens imaginables, de me faire partager. J'ai beau lui objecter qu'en m'é-loignant de cette carrière, je perds le fruit de cinq années de travail, que les faits déplorables qu'il signale n'étant relatifs qu'à certains indi-vidus, ne sauraient jamais atteindre le corps notarial lui-même. Persistant à voir le tout dans la partie, mon oncle continue à me repré-senter comme remplie d'écueils une mer où, d'après lui, tant de devanciers ont fait naufrage.

De là il résulte pour moi une perplexité désolante, un ennui que trahit sans cesse mon
extérieur. L'avenir ne m'apparaît plus qu'au
travers des plus noires appréhensions. A mon
âge, près d'entrer dans la société, d'y occuper
un emploi qui m'avait toujours semblé honorable, il faut désormais rebrousser chemin et pour
faire quoi ? Je l'ignore. »

Nous nous efforçâmes aussitôt, en avouant à
cet intéressant jeune homme que nous appar-
tenions nous-même au Notariat, de lui faire
comprendre que, tout en respectant les honorables scrupules de son oncle, il était pourtant
raisonnable de ne point interrompre des études
qui touchaient à leur terme ; qu'il fallait toujours
mettre les institutions utiles au-dessus des mauvaises et folles passions des hommes ; et que si
l'on jugeait des meilleures choses par l'abus qu'on
en pouvait faire, il ne serait absolument rien
au monde dont on ne dut s'interdire l'usage. Il
est bien vrai, ajoutâmes-nous, que, dans ces
derniers temps, le désir immodéré des richesses,
l'avidité des honneurs, s'étant emparés d'un
grand nombre d'hommes, les ont portés à sortir
brusquement de la voie ordinaire, de celle qui

constituait leur véritable et toute providentielle
position sociale , pour se lancer dans des spéculations hasardeuses qui trop souvent ont compromis leur fortune et leur réputation , et par
contre-coup , ont porté atteinte aux intérêts de
leurs commettants. C'est un malheur évident.
Mais , en somme , ces déviations de la ligne de
conduite tracée par la raison et la conscience,
sont le fruit amer de quelques volontés malades
ou ambitieuses et réprouvées par la masse des
gens de bien. Oui certes ! l'honorable profession
dont vous m'entreteniez tout-à-l'heure compte,
pour quelques hommes égarés ou coupables ,
des milliers de gens recommandables et par leur
vertu et par leur science (1). Le monde a vu
avec édification que, dans ces derniers temps ,
la corporation des Notaires de France a été la première à élever la voix pour solliciter du Gouvernement des mesures répressives contre certaines
opérations étrangères aux fonctions notariales ,
et qui, fécondes en abus, tendaient à déconsi-
dérer à la longue, l'institution elle-même (2).

---

(1) Voir au Chap. viii le rapport de M. le Garde des Sceaux à
ce sujet.

(2) Délibération de l'assemblée des Notaires de France, mentionnée à la page 17, note 5ᵒ.

Mais quelqu'efficaces que soient les moyens employés par le législateur pour prévenir les abus, les délits ou les crimes, ils le céderont toujours infiniment à ce frein si puissant et si salutaire que la religion seule peut imposer à l'homme. Jeté au milieu d'une grande ville, environné des séductions et des vaines illusions que le monde offre à votre âge, vous n'avez peut-être jamais été à même de faire cette réflexion décisive : que nos sociétés modernes ne doivent leur grand perfectionnement, leurs immenses et surprenants détails de civilisation et d'urbanité qu'à la religion de J.-C., et que si l'empire de cet admirable culte catholique était moins méconnu, et plus universellement admis dans la pratique surtout, les infractions aux lois des Etats et de la morale diminueraient en proportion.

Guidé par cette intime conviction, nous avons depuis peu tracé quelques notes, fruit de notre expérience durant un assez long exercice notarial, où nous nous sommes constamment efforcé de déduire les rapports du Notariat avec la Morale, rapports qui ont été véritablement méconnus, depuis quelques années, par certains hommes égarés ou vicieux ; ce qui n'a pas manqué d'apporter une notable perturbation dans la société. Comme beaucoup d'autres , Monsieur votre oncle en a été vivement frappé. Cependant , répétons-le , il serait par trop injuste de rendre toute une profession responsable des fautes isolées de quelques-uns de ses membres.

Notre jeune aspirant au Notariat semblait respirer plus librement ; il nous remercia gracieusement de ces réflexions qui tendaient à relever son courage abattu , et il nous pria instamment de lui donner communication de notre travail , ce que nous lui promîmes volontiers en ajoutant que l'ouvrage pourrait lui laisser beaucoup à désirer et nous le priâmes d'y voir plutôt l'intention et le but de l'auteur, but moral, plein de sociabilité et de tendances d'ordre , que le mérite intrinsèque de l'écrit ; par ce moyen, ajoutâmes-nous , vous vous identifierez mieux avec la pensée de l'auteur, et vous conviendrez que les qualités morales , indispensables à un Notaire vraiment digne d'exercer cette noble et importance fonction, sont nombreuses, et qu'elles excluent forcément toutes les manœuvres tant soit peu répréhensibles.

Dans la suite, le jeune aspirant au Notariat voulut bien nous savoir gré de la communication de ce travail.

Le classement de ces diverses notes a formé l'ouvrage que, sur le point de quitter le Notariat, nous léguons maintenant comme dispositions d'adieu pleines de la plus affectueuse sollicitude, à nos jeunes confrères futurs; c'est à la fois l'historique des vertus et des qualités qui distinguent un grand nombre de Notaires en France, et c'est aussi pour le jeune Notariat qui s'élève et qui successivement va remplacer l'ancien, une bienveillante invitation à marcher sur les traces de ceux d'entre leurs devanciers qui ont mérité de leur servir de modèle.

COUP-D'OEIL

SUR

L'INSTITUTION DU NOTARIAT

DEPUIS LES TEMPS LES PLUS RECULÉS

JUSQU'A NOS JOURS.

Le Notariat, non pas tel que nous le possédons aujourd'hui, mais suivant pas à pas les développements successifs de la civilisation, est sans contredit une institution dont l'origine vénérable remonte à la plus haute antiquité.

Les conventions importantes se firent d'abord en présence de témoins rassemblés, à la demande des parties contractantes, aux portes des villes, sur les places publiques et autres lieux de fréquente réunion.

Le plus ancien peuple du monde, le peuple hébreu, nous a laissé plusieurs exemples de ces conventions sanctionnées en présence de témoins. Près de la porte d'Arbée, Abraham achète d'Ephron le champ destiné à la sépulture de Sara, épouse du patriarche, et le paie 400 sicles d'argent pesés en la présence des enfants de Heth (1). Booz, environné de dix anciens d'Israël, acquiert, sur le refus d'un parent plus proche et habile à faire valoir le droit de *retrait lignager*, une partie du territoire d'Elimélech, vendu par Noémi (2).

Cependant certains actes d'une grande importance pour la société devaient être rédigés par écrit. Sous Moïse, il était ordonné d'écrire avec un certain cortège de formalités, l'acte de répudiation (3). L'histoire de Tobie nous fournit l'exemple d'un acte constaté par écrit : le contrat de mariage de ce jeune homme avec la fille de Raguel fut dressé en présence de la famille et de l'ange Raphaël (4).

620 avant J.-C., pendant le siège de Jérusalem par Nabuchodonosor, Jérémie acheta d'Hanaméel le champ situé à Anathot. Ce contrat fut rédigé en présence de témoins dont les noms y furent inscrits et reçut l'em-

---

(1) Genèse, chap. XXIII, v. 10 et s.

(2) Ruth, chap. IV, v. 1 et s.

(3) Deut., chap. XXIV, v. 1.

(4) Tob., chap. VIII, v. 16. — On trouve dans les notes de *l'Histoire de la Vierge*, par l'abbé Orsini, un modèle de contrat de mariage chez les Hébreux remontant à la plus haute antiquité et que nous nous plaisons à reproduire : « En l'année.... le jour... du mois de..., B..., fils de... a dit à R..., fille de... deviens mon épouse selon la loi de Moïse et d'Israël. Je promets de t'honorer, de pourvoir à ton entretien, à ta nourriture et à tes vêtements suivant la coutume des maris hébreux qui honorent leurs femmes et qui les entretiennent comme il convient. Je donne d'abord... (*la somme ordonnée par la loi*) et te promets, outre les aliments, les habits et tout ce qui te sera nécessaire, l'amitié conjugale : chose commune à tous les peuples du monde. R... a consenti à devenir l'épouse de B... qui, de son plein gré, pour former un douaire en rapport avec ses propres biens, ajoute à la somme précédemment indiquée, celle de... (Inst. de Moïse).

preinte d'un sceau particulier. Le prix en argent fut encore déterminé par la balance (1).

D'après don Calmet (2), les Scribes chez les Hébreux étaient de trois sortes, dont l'une de simples greffiers *chargés d'écrire les contrats et autres actes publics relatifs aux affaires des particuliers.*

Quelques auteurs ne veulent point admettre que ces Scribes conférassent le caractère d'authenticité à leurs écrits , cependant, les précautions prises de rédiger certains actes en doubles et triples copies, l'apposition des cachets , le dépôt souvent prescrit d'une copie dans les archives publiques , dans les temples , sembleraient indiquer le contraire pour ces cas particuliers du moins.

Chez les Grecs , Aristote range parmi les officiers indispensables à une nation policée ceux qui rédigeaient les contrats (3). Il y a un officier, dit-il, chargé *de recevoir les contrats privés* et d'écrire les jugements des tribunaux. Ces fonctionnaires sont nommés *Hieromnemones* (4).

L'apport dotal des femmes était constaté par écrit

----

(1) Jérém. , chap. xxxii, v. 9 et 10.

(2) *Diss. sur les off. des Rois héb.*, bibl. tom. v, p. 74.

(3) *De republ. liv.* vi *, cap. 8 ; — Polit. lib.* vi, *cap. extrem.*

(4) Trad. de Millon. — L'existence de ces sortes de Notaires est niée par l'abbé Augen,—*Trait. de la jurid. et des lois d'Ath.;* — on sera, je crois, dans le vrai en admettant que ces Scribes hébreux ou grecs n'avaient aucun pouvoir ou caractère bien spécial pour retenir les actes de la juridiction volontaire et qu'ils les écrivaient, le cas échéant, concurremment avec d'autres indivi. dus lettrés.

et devant témoins : tous les assistants devaient revêtir l'acte de leurs signatures (1). Quant aux testaments, ils étaient reçus par un magistrat, dont l'intervention était également nécessaire pour le cas de leur révocation (2). L'aliénation des immeubles était entourée de plusieurs formalités et la présence des magistrats devait avoir lieu pour la confirmer.

Nous voyons sous les rois de Rome et dans les premiers temps de la République, le Notariat réduit, il est vrai, à une simple profession d'esclave, mais, dit un auteur (3), les Romains rougirent ensuite d'avoir été plus esclaves que leurs esclaves eux-mêmes et, dès lors, ils accordèrent aux professions libérales le rang et les honneurs qui leur étaient dûs. A partir de ce moment, la philosophie, les belles lettres, la médecine et le Notariat passèrent des mains des esclaves ou serviteurs spéciaux attachés à chaque maison, dans des mains libres et honorables. Les empereurs Honorius et Arcadius décrétèrent qu'on n'élèverait plus aux fonctions de Notaires ou *Tabulaires* que des hommes libres (4). Les Notaires furent élevés dès lors au rang de magistrats (5).

Les Tabellions, dit Cujas, formaient à Rome un

---

(1) POTTER, liv. IV. chap. II.

(2) *Isée succ. de Cléonyme*, p. 36.

(3) *Dict. du Not.*, verb. not.

(4) *Generali lege sancimus ut sive solidis provinciis sive singulis civitatibus necessarii fuerint tabularii liberi homines ordinentur.* (*L. Gen.*, Cod. de Tab., anno 401).

(5) *Magistratus conficiendorum actuum habeant potestatem. L. 2,* Cod. de magist.

grand collége sous un chef nommé *Primicerius*, ils devaient être jurisconsultes, savants dans l'art d'écrire et de parler, et d'une probité parfaitement connue et assurée. Comme le travail des Scribes romains consistait, dans les premiers temps, en notes rapides et abréviatives, de là leur vint le nom de Notaires, *inde vocantur Notarii* (1). Saint Augustin donna à ce mot la même origine: *notas qui dediscerunt propriæ Notarii appellantur* (2); mais le laconisme de ces notes fugitives les rendait peu probantes, de sorte que les Notaires n'étaient à proprement parler que les secrétaires des Tabellions qui mettaient par ordre ces feuilles indicatives et en formaient un corps, un acte, qui recevait l'approbation et le sceau des parties. On sent toute l'imperfection d'une pareille méthode pour le cas où, après la rédaction des notes, les cliens n'auraient pu ou voulu se représenter devant les Tabellions; mais les institutions ne peuvent grandir qu'avec les peuples.

Bien que le pouvoir des Tabellions eût assez d'étendue, puisqu'ils étaient juges et greffiers tout ensemble, même juges sans appel (3), leurs actes pour devenir écritures publiques devaient recevoir, en pleine audience, la confirmation du tribunal. La pièce demeurait dès lors dans les archives publiques et on en délivrait copie au besoin.

Sous le pontificat de Saint Clément, à la fin du pre-

---

(1) GÉRAULT DE MEYNARD, *Quest. not.*
(2) *De doctrinâ christi*, lib. 2.
(3) LOYZEAU, *Des Off.*, Liv. II, chap. 5.

mier siècle, sept notaires furent établis dans les divers quartiers de Rome, afin d'y rechercher avec soin et de noter tout ce qui était relatif à la fin glorieuse de ces nobles athlètes immolés pour J.-C., non seulement à Rome, mais encore dans tout l'empire Romain (1). Telle fut l'origine des Notaires apostoliques.

Pierre de Saint-Romuald nous enseigne que l'empereur Maurice, destiné aux honneurs du trône, ne dédaigna pas, avant d'en franchir les degrès, d'exercer les fonctions notariales. (2)

Il serait difficile de préciser l'époque où le Notariat s'établit dans les Gaules; ce que nous savons pourtant, c'est que notre ancienne patrie reçut la plupart des lois et des coutumes des Romains, leurs vainqueurs. Lorsque la puissance romaine croûla à son tour sous les coups redoublés des barbares du Nord, la société, plongée dans le cahos, connut à peine certaines formalités pour la transmission des biens. Les serments, les promesses devant témoins (3), les duels en cas de non exécution (4), tels furent les modes usités dans ces temps de désolation.

Puis vinrent les Clercs des greffes, Scribes de la juridiction contentieuse, qui constatèrent par écrit les conventions des parties. Les lois des Lombards nous parlent de Notaires ou Chanceliers qui étaient établis

---

(1) *Baron. annal. eccl.* tome 1er, p. 172, cité par M. l'abbé BRIAND, dans son *Hist. de l'Église sant.* 1er vol. p. 15.

(2) *Trés. chronolog. et hist.*

(3) *Anc. lois des Visigots*, m.ss de St.-Germain-des-Prés, 1278.

(4) *Lex. long.*, lib. II (D. BOUQUET, t. IV.)

ad cancellos judicis , ou loges fermées de barreaux et placées à la porte du juge.

Les Francs des bords du Rhin avaient leurs *Tabulaires* , sortes d'écrivains publics. (1)

Suivant les capitulaires de Lothaire (2), les notaires devaient prêter serment de ne commettre aucune fausseté et de dresser leurs actes publiquement dans l'étendue de leur juridiction.

Toutefois les écrits de ces fonctionnaires ne faisaient aucune foi par eux-mêmes; s'ils étaient déniés, leur sincérité devait être certifiée par le notaire , en présence de douze témoins attestant les faits par serment.

Nous voyons que « dès les premiers temps de l'ère chrétienne nos devanciers , sous le nom de Notaires apostoliques , tenant leurs pouvoirs des papes, assistèrent aux Conciles, ces grands congrès de notre primitive église. Ils en suivaient les discussions, citaient les dispositions des lois civiles et canoniques et transcrivaient les résolutions adoptées. C'est principalement à leurs soins que l'Eglise doit la conservation des fidèles et minutieux procès-verbaux de ces grandes assemblées (3)...» Rome chrétienne leur décernait en retour de pompeux honneurs. (4)

Saint-Grégoire de Tours rapporte que la reine Ingo-

---

(1) Capit. de Dagobert , tit. 58 , *de Tabulariis.*

(2) Capitul. de 824.

(3) *Rap. présenté à la confrér. des Not. des départ. de France* , par Me Jeannest Saint-Hilaire , notaire à Brunoy (Seine et Oise), Janv. 1842.

(4) J. L. BRUNET , *Parf. Not. apostol.*

berge, veuve du roi Charibert, fit au vi^e siècle son testament devant un Notaire. (1)

Dans ses capitulaires des années 803 et 805, Charlemagne désigne les notaires sous le nom de *Judices Chartularii* ; la France dut beaucoup à ce grand roi : il s'entoura de savants, fonda des écoles, bâtit de nombreuses églises et de vastes monastères, fit fleurir tous les arts et cicatrisa les plaies de la patrie ; le Notariat lui dut des bienfaits et un acheminement vers une organisation régulière ; la dénomination plus haut citée prouve que l'œil pénétrant et si plein de génie de ce prince avai tentrevu dès lors le Notariat à-peu-près tel qu'il devait être aux jours de sa grandeur.

Mais l'anarchie qui désola la France sous les règnes suivants, les guerres, les invasions, détruisirent l'effet qu'auraient pu produire les capitulaires de Charlemagne : « loin qu'aucune bonne institution put prendre naissance dans ces temps d'ignorance et de barbarie (2), celles qui existaient furent détruites (3). »

Le Notariat resta donc long-temps comme à Rome aux mains de trois fonctionnaires différens, savoir : le Notaire ou Scribe rédacteur, le Tabellion ou dépositaire des minutes des actes, seul autorisé à délivrer les grosses ou copies exécutoires (4), et le Garde-note chargé, dans certains cas, tels que décès ou démission

----

(1) *Hist. de France*, liv. IX, ch. 6.

(2) Dans le Moyen âge, la civilisation s'était réfugiée dans les cloîtres.

(3) FAVARD DE LANGLADE, *Rép. de la législ. univ. du Not.*

(4) Ces copies n'étaient pas exécutoires de plein droit.

du titulaire , de recevoir et de conserver les protocoles.

En 1270, Charles Ier , comte de Provence , commit
un Notaire pour recevoir les hommages de plusieurs
gentilshommes d'Arles (1). L'historien de ce fait ajoute
que les Notaires d'alors étaient personnages bien
versés aux belles lettres, et d'irréprochable intégrité;
que plusieurs bonnes et notables maisons étaient des-
cendues de Notaires.

Saint Louis , ce roi dont la France s'honore à tous
les titres , acheva les réformes que Charlemagne avait
tentées. On prétend , avec une certaine apparence de
fondement , que ce prince eut l'idée de rendre , par
toute la France , la juridiction volontaire, exercée par
les Notaires , indépendante de la juridiction contentieuse exercée par les juges (2). Mais sa réforme n'em-
brassa que la ville de Paris.

---

(1) *Chron. de Prov.*, éd.^{on} de 1614.

(2) *Diction. du Not.* 5e vol., p. 43 , 3e édit. — M. AUGAN, dans
son *Cours de notariat* , chap. prélimin. , dit que Saint Louis sé-
para effectivement des fonctions qui , par leur nature , devaient
être divisées , le juge ajoute-t-il fut débarassé de tout soin autre
que celui de rendre la justice, et soixante notaires furent créés
en titre d'office pour Paris, et afin de recevoir les actes de la juridiction volontaire. (Lettres patentes de 1300 et 1301.)—Voici
un passage de Delamare (*Traité de la pol.*, liv. 1er, tit. 7) relatif
au même fait..... « Saint Louis voulant débarrasser entièrement
le prévost de Paris de tout ce qui pouvait avoir quelque rapport
à la finance , créa soixante notaires en titre d'office pour recevoir
tous les actes volontaires de sa juridiction..... »

« Ce bon roi mit non seulement un prévost dans Paris , mais
aussi des greffiers, des notaires, un scelleur , et un receveur
comptable du domaine, tous en titre d'office et non pas fermiers
et admodiateurs comme ceux des autres justices. » (LOYZEAU,
Traité des Off.)

Massé , applaudissant aux sages mesures du pieux roi, s'exprime ainsi touchant le Notariat : « Magistrature volontaire qui concilie les différends, qui, plus heureux que les tribunaux, éteint ou prévient les procès, au lieu de les juger, qui garantit, par ses actes, l'exécution des conventions, qui donne aux volontés particulières le caractère de la fixité de la loi, qui affermit les fortunes, assure le repos des familles et forme, pour ainsi parler, le lien de la société civile (1). »

En 1302 et 1304 , Philippe-le-Bel établit dans ses états des Notaires créés à l'instar de ceux de Paris.

Les lettres royales du mois d'avril 1363 donnent aux Notaires du temps des éloges pompeux. Leur dévotion , leur probité, leur intégrité , leur fidèle affection envers le roi, y sont proclamées en termes très louangeux. C'est avec délices que S. M. *recense* toutes ces qualités. « *Hæc omnia hujus modi ipsorum recensentes.* »

Un Tabellion , dit un réglement très remarquable de l'année 1316 (2), doit être sage, prudent, discret, connaissant tout et sachant juger de l'une et de l'autre affaire , etc... ne stipulera aucun contrat où il y aura fraude et déception , ni ès-fêtes et dimanches, sinon les testaments et autres actes qui requièrent célérité... Il sera tenu de faire serment de bien et loyalement porter et exercer ledit office, en gardant droit du prince et des bonnes gens.

---

(1) *Parf. Not.*, 3 vol. in-4°.
(2) Porté par Ferry IV, duc de Lorraine.

François Ier décréta une sorte d'uniformité parmi les Tabellions et leur donna le droit de délivrer des grosses et des expéditions (1).

Charles IX ordonna le dépôt des protocoles de Notaires au cas de mort ès-mains des greffiers; mais, en portant ainsi une injuste atteinte au droit de propriété et au droit bien plus important de juridiction, il donna pourtant à entendre par là que les papiers des Notaires constituaient plutôt un dépôt public que privé.

Des lettres patentes du mois d'octobre 1561 , autorisaient les Notaires de Paris à transmettre leurs offices à leurs successeurs.

Un noble et excellent prince , destiné peut-être à faire renaître l'unité dans les croyances comme dans les institutions du peuple , et à ne faire de son pays qu'une heureuse réunion de frères , si le génie du mal ne fut venu trancher une si belle vie, Henri IV, sur la fin du XVIe siècle (2) , appela tous les Notaires de France à partager les mêmes avantages des Notaires de Paris. Par suite des réglements de cet excellent prince , les deux fonctions jusques-là distinctes de Notaire et de Tabellion n'en formèrent désormais plus qu'une seule. La charge de Garde-notes avait disparu dix-sept années auparavant.

L'importance de cet emploi devint telle dès lors que les nobles ne différèrent point de le briguer. « Cette charge, dit Ferrière (3) , est compatible avec

---

(1) Ordonn. 1539 et 1541.
(2) Édit. du mois de Mai 1597.
(3) *Dictionn. de droit*, 1779 , 2 vol. in-4º, verb. not.

la noblesse, ainsi, ceux qui en sont revêtus lorsqu'ils sont nobles, ne dérogent pas et transmettent à leur postérité leur noblesse d'origine. » La preuve incontestable qu'en rapporte *le parfait Notaire* (1), c'est que l'emploi notarial à Paris était compatible avec celui de secrétaire du roi qui annoblissait.

Depuis lors, le Notariat fut confié à des officiers royaux et seigneuriaux. Les premiers exerçaient en vertu de provisions qui leur étaient délivrées par le roi. Dans les grandes villes, ils étaient réunis en communauté ; ils avaient des syndics qui ont été remplacés par les chambres actuelles de discipline. La limite de leur exercice était la sénéchaussée entière. Cependant, leurs actes avaient le caractère d'authenticité à l'égard de toutes sortes de personnes et quels que fussent leurs domiciles, pourvu toutefois qu'elles vinssent contracter dans l'étude. Les seconds étaient nommés par les seigneurs ayant droit de tabellionage, ils ne pouvaient instrumenter que dans l'étendue de la seigneurie et pour gens domiciliés dans ce rayon (2). L'inobservation de cette disposition de la loi privait l'acte du caractère si précieux de l'authenticité (3). Cet emploi féodal, obtenu souvent plutôt par faveur qu'en raison du mérite réel des candidats, avait été, pour le Notariat, une cause de per-

---

(1) *Edition de 1774*, in 4°.

(2) Cette question est controversée, la négative s'étaye de quelques arrêts.

(3) Bouguier, lett. C. nomb. 7. — Brodeau, lett. N. somm. 10. — *Journ. des Aud.*, tom. I, liv. 7. — Henrys, tom. I, liv. 2, chap. 4.

turbation et de ruine qui, dans les derniers temps surtout, sollicitait vivement une réforme.

Quant aux notaires apostoliques, ils n'avaient que peu de ressemblance avec les deux autres classes. Ces charges étaient remplies par des hommes qui, nommés par les évêques, devaient retenir les actes en matière purement bénéficiale, mais rester étrangers à la profession du Notariat civil. Cependant ils en usurpaient souvent les fonctions, ce qui donnait lieu à de fréquens débats. Sous Louis XIV, ils furent tenus de se pourvoir d'offices royaux (1). L'édit du mois de Décembre 1691 institua des Notaires royaux et apostoliques pour tout le royaume.

Dans un but déplorable de fiscalité, mais dominés peut-être par l'état désastreux des finances, Louis XIV et Louis XV multiplièrent les offices et conservèrent pourtant l'hérédité.

La Révolution française changea cet état de choses. Il est à remarquer, dit M. Jeannest Saint-Hilaire (1), que tant qu'elle conserva le caractère d'une grande et pure régénération sociale, elle respecta l'institution du Notariat dont le privilège survécut à la nuit du 4 au 5 août 1789. Toutefois, quand de coupables novateurs attaquèrent violemment tout ce qui existait, lorsque chaque jour fut marqué par de nouvelles et lamentables ruines sociales, le Notariat lui aussi fut atteint dans son droit si précieux de transmission.

---

(1) FAVARD DE LANGLADE, *Rép. de législ., univers. du Not.*, 2 vol. in-4°

(2) Rapp. déjà cité.

Le 29 Septembre—6 Octobre 1791, l'Assemblée constituante supprima l'hérédité des offices, institua des Notaires publics et fit dépendre de certaines conditions de capacité, l'admission des candidats. « Cette loi, dit M. Favard de Langlade(1), est la première qui ait réuni toutes les classes de Notaires et en ait formé un seul corps sous le titre de Notaires publics. Cette loi était encore imparfaite et ne reçut pas d'ailleurs une entière exécution. »

Hélas ! pour régénérer un peuple, combien, dans ces tristes jours de révolution, on remua de sang et de boue ; à ce souvenir l'esprit s'indigne et le cœur trouve avoir trop chèrement payé les biens réels que la société doit à la Révolution. Sans doute que pour renouveler et fertiliser la terre, le ciel voulut promener à sa surface le feu de sa colère.

Plus d'une fois le fer révolutionnaire punit et frappa dans les rangs du Notariat le dévoûment au malheur, le culte du passé et le consciencieux attachement au devoir : c'est une de ses gloires !...

La loi du 16 Mars 1803 (2) réorganisa enfin le Notariat, et Napoléon crut devoir placer cette grande institution parmi les pierres angulaires du nouvel édifice social.

La disposition incomplète de l'article 91 de la loi de 1816 forme le droit actuel de transmission des offices qui n'avait été que toléré sous l'empire. Néan-

____

(1) *Rép. de légis. univ. du Notariat.*
(2) 25 Vent. an XI. Voir le texte de cette loi à l'appendice.

moins, et à la faveur de cette loi , le prix des offices quintupla sa valeur dans l'espace de vingt années. Cette élévation de prix fut sans doute une des principales causes des mutations nombreuses, souvent trop rapides, des offices. Le gouvernement s'en émut et crut devoir dans ces derniers temps, y opposer une barrière. La loi fiscale du 21 avril 1832 fut portée dans ce but; elle parut bientôt inefficace , et le droit de dix pour cent, affectant le cautionnement au jour de la cession, fut jugé d'une trop faible quotité.

Une autre loi bursale , du 25 juin 1841 , ordonna la constatation par écrit de tout traité ayant pour objet la transmission, à titre onéreux ou gratuit, des offices désignés par la loi de 1816, et les assujettit à un plus fort droit d'enregistrement, gradué selon les circonstances et les valeurs. L'article 13 de cette loi compléta cependant les droits de propriété des titulaires, en disposant qu'au cas de suppression d'un office , l'ordonnance de suppression ne déterminerait l'indemnité du titulaire qu'à défaut d'un traité spécial. Cet article de la loi, en comblant une lacune importante, a rendu un grand service au Notariat.

La loi de 1841 (1) produira-t-elle des résultats satisfaisants, dans le sens qu'elle rendra les transmissions d'office un peu moins fréquentes ? On doit l'espérer , bien que l'expérience de cette loi soit encore à faire. D'un autre côté, n'est-il pas vrai de dire que ceux qui

____

(1) Voir à l'appendice , un extrait de cette loi.

5

se sont préoccupés de ces mutations multipliées n'ont pas assez tenu compte des progrès et de la généralité de l'instruction répandue, durant une longue période de paix, parmi toutes les classes de la société et qui exclut ou tempère l'idée fixe d'un trafic peu honorable pour les titulaires d'office.

Comme on a dû le remarquer, deux atteintes violentes ont été, depuis Philippe-le-Bel, portées au droit de transmission des offices. Charles IX et l'*Assemblée constituante* en ont assumé la responsabilité peu glorieuse.

Terminons ce tableau historique par les considérations si judicieuses et si noblement exprimées du rapport aux Notaires de France (1). « Le Notariat, contemporain de la civilisation, en a suivi toutes les phases : là où elle a grandi, là cette institution, sa compagne fidèle, a ouvert ses études ; là où la barbarie, les discordes civiles, les guerres destructives ont bouleversé le monde, là ont été engloutis ses utiles privilèges. Un rapprochement bien honorable pour la corporation doit nous frapper en parcourant son histoire, c'est que les grands hommes dont le globe s'est honoré : Justinien, Charlemagne, Philippe-le-Bel, François Ier, Saint Louis, Henri IV, Napoléon, nous ont traités en pères et ont laissé le soin de nous frapper à Charles IX et aux fougueux démagogues de 1791 tous fléaux de l'humanité, n'ayant, roi et républi-

____

(1) Rapp. déjà cité.

cains, rien de commun entre eux que la soif de la destruction. »

Quelle conclusion tirer maintenant de ces recherches historiques, de ces honneurs et prérogatives successivement accordés au Notariat sous les gouvernements et par les princes doués de prudence et d'équité ? qu'il n'est point, comme le dit un auteur (1), de fonction plus belle, et en même temps plus délicate à remplir, que celle de Notaire. Aussi pour pénétrer dans son sanctuaire, faut-il, ajoute le même écrivain, que l'aspirant y soit introduit par la moralité la plus épurée et la capacité la moins équivoque. Plus le Notariat, dit Massé (2), exerce d'influence sur la société, plus ses devoirs sont rigoureux. Au nombre des devoirs du Notaire est surtout la probité, non celle qui suffit à l'homme privé, chargé du seul soin de ses affaires, mais celle qui convient à l'homme public constitué pour guider et éclairer ses concitoyens sur leurs intérêts et leurs droits civils. Une sorte de perfection morale et intellectuelle est donc indispensable à l'homme que le gouvernement investit de ces graves et utiles fonctions. Si les études notariales doivent, dès lors, être faites avec conscience, intelligence et droiture, qui oserait nier que l'application journalière des connaissances une fois acquises, n'exigeât les mêmes conditions de pratique ? Ainsi, nous allons nous trouver en harmonie de vue et de langage avec

______

(1) A. Goux, *Man. du Notariat*, 3e édit.
(2) *Parf. Not.*

tous les auteurs recommandables, en développant, dans les chapitres qui vont suivre, notre thèse du Notariat exercé sous l'empire de la religion, code admirable qui seul régit souverainement le for intérieur, et qui seul est le sûr garant de l'accomplissement exact des devoirs de l'homme envers Dieu, comme à l'égard de ses frères.

Si quelqu'un est tenté, à la première vue, de repousser notre mode d'enseignement (1), nous lui répondrons par ces nobles pensées si bien rendues de M. Marcel de Serres (2) :

« La religion ne peut pas être un obstacle au perfectionnement de l'intelligence. Être en progrès n'est pas quitter une vérité pour une autre, c'est aller en avant dans la vérité. Pour cela, il faut un point de départ d'où la raison puisse s'élever vers ce qu'elle

---

(1) C'est une triste vérité que l'écrivain, dont la plume est vouée à la défense des vrais principes et des exigences austères de la morale, a peu de chances de succès. Il lui faut un certain courage pour oser affronter toutes les difficultés de sa position négative, selon le monde. Tandis que les auteurs qui ne jugent des prescriptions religieuses et des meilleures institutions humaines que par les abus qu'une nature dépravée peut en faire, et qui, par là, s'assimilent trop fidèlement à ces insectes qu'on voit apparaître lorsque les mets destinés à nos tables commencent à se détériorer, sont sûrs de grandir démesurément. Bientôt vous les verrez comblés de distinctions et gorgés d'or. A cette vue, on est par fois surpris, déconcerté, parce qu'on ne réfléchit point assez, il est vrai, qu'un tel état de choses n'est pas nouveau et est le résultat infaillible de la dégradation de l'homme par le péché. La vice en honneur, la vertu honnie, persécutée, n'est-ce pas là le résumé historique des aberrations du cœur humain dans tous les temps et dans tous les lieux ?...

(2) *De la Cosm. de Moïse, comp. aux faits Géol.*, 2 vol. in-8°.

ne connaît pas encore. Ce point de départ la religion le refuse-t-elle à l'intelligence ? Non sans doute, elle le fixe et le détermine. Ce serait faire un singulier outrage à la raison de prétendre que telle vérité , bonne pour tel siècle, n'est plus à la hauteur des siècles suivants. Dire que la vérité doit partager les variations que les âges apportent à l'intelligence , c'est la priver de son caractère d'immortalité , c'est l'anéantir.

» La religion, envisagée sous son vrai jour, loin d'avoir le triple caractère d'obscurité , d'entrave et de servitude, que lui a si injustement imputé le *philosophisme* moderne , est au contraire la source de la lumière , du développement et de la liberté les plus en harmonie avec la nature, la destinée de l'homme , et la véritable grandeur de son intelligence... »

LE
NOTARIAT

CONSIDÉRÉ

DANS SES RAPPORTS INTIMES ET JOURNALIERS

AVEC LA MORALE.

CHAPITRE Ier.

—

Rapprochement entre l'ancienne institution du Notariat et la nouvelle.

S'il est certain qu'à Saint Louis remonte l'institution de la juridiction volontaire, confiée à soixante Notaires de Paris, avec pouvoir de conférer l'authenticité publique à leurs actes ; si Philippe-le-Bel est venu ensuite étendre ce pouvoir à tous les autres Notaires de France, il n'en est pas moins vrai que cette autorité avait toujours été attachée, par quelques points, au pouvoir contentieux. (1)

---

(1) On en trouve la preuve dans les dispositions des édits du 5 juin 1300 et de l'an 1542.

Après les longs conflits de la puissance royale avec la féodalité , le champ de la juridiction volontaire s'était trouvé envahi par trois sortes de Notaires souvent en guerre les uns avec les autres (1).

Enfin les lois de 1794 et de 1803 rompirent complétement les liens qui attachaient la juridiction volontaire à la juridiction contentieuse : une seule catégorie de *Notaires publics* fut dès lors établie à la place des divers offices de Notaires supprimés.

« Maintenant le Notariat , tel que l'a établi la loi du 16 mars 1803 , fait du Notaire le législateur privé qui donne aux volontés particulières l'immutabilité et la fixité de la loi ; le juge volontaire qui condamne les hommes de leur plein gré à l'exécution de leurs conventions diverses ; l'avocat commun qui plaide à la fois les intérêts de toutes les parties qui comparaissent devant lui ; il est , relativement à l'acte qu'il reçoit , un témoin irrécusable ; sa signature est le sceau de la vérité. » (2)

Lorsqu'il a débarrassé une affaire des difficultés qui l'environnaient, alors même qu'il a tout lieu de croire que ses lumineuses explications ont porté la conviction dans les esprits , l'avocat attend néanmoins du tribunal une solution incertaine et à laquelle il devra se soumettre bon gré mal gré , et sauf l'appel, s'il y a lieu. Plus heureux que lui, le Notaire, après les mêmes efforts et s'il a été compris de ses clients , rend seul

---

(1) Les notaires royaux , seigneuriaux et apostoliques.
(2) LORET , *Ann. du Not.*, tom. 1 , p. 80.

une décision conforme à sa conscience et à sa plaidoirie
conciliante, et porte un arrêt non moins puissant, mais
plus invariable que celui des tribunaux, puisqu'il
échappe à tout appel. Cet emploi réunit donc une plénitude de pouvoir que ne sauraient exercer, au même
degré, l'avocat et les magistrats de la juridiction
contentieuse.

L'institution des Notaires, telle qu'elle existe présentement en France, est évidemment toute moderne,
comme le dit l'exposé des motifs de la loi de 1803.

« Dépositaires des plus grands intérêts, régulateurs des volontés des contractans, quand ils ne semblent en être que les rédacteurs, interprètes des lois
que la mauvaise foi et des combinaisons d'orgueil tendent toujours à éluder, les Notaires sont investis d'une
sorte de judicature d'autant plus douce qu'elle ne paraît presque jamais ou ne se montre que pour concilier les deux parties (1). »

Considéré de ce point de vue, le Notariat est donc
aujourd'hui une des professions les plus indispensables au maintien de l'ordre et de la paix dans la société
civile (2). Confident des secrets intimes de l'homme
dans les circonstances les plus solennelles et les plus
critiques, gardien sûr et incorruptible des titres gé-
néalogiques des familles, seul le Notaire consolide et
perpétue leur grandeur et leur fortune patrimoniale ;

---

(1) FAVARD DE LANGLADE, ouv. déjà cité.
(2) V. *Du Notariat dans l'intérêt de la Société.* — Paris, 1826,
in-12.

seul il peut recevoir à-peu-près tous les actes de la vie civile, et leur imprimer le caractère de l'authenticité. Plus heureux que ses devanciers sous l'empire des lois romaines ou du Moyen-âge, il trouve en lui-même cette plénitude de pouvoir qui le dispense de recourir à un autre fonctionnaire pour donner à ses écrits la force imposante et irrésistible des actes émanés de l'autorité publique. Bien plus heureux encore que les Notaires qui succédèrent à ceux du Moyen-âge et qui tombèrent devant la loi de 1791, les Notaires actuels n'ont point à redouter la concurrence des Notaires seigneuriaux ou apostoliques, concurrence qui souvent tournait bien plus encore au détriment des parties, qu'à celui des Notaires royaux eux-mêmes. Durant leur long exercice, nul ne peut aujourd'hui les déposséder des titres dont ils sont les gardiens et les détenteurs exclusifs (1).

Sans doute le Notariat est passé par de rudes épreuves! Mais s'il a été sans cesse balloté par les révolutions, en revanche aussi il a conquis une position admirablement belle. Il n'est plus maintenant, comme on le regardait jadis, une émanation de l'autorité judiciaire. Ainsi que le remarque Toullier (2), les Notaires sont aujourd'hui les délégués directs et spéciaux du pouvoir exécutif, leur institution est

---

(1) Lorsque, dès l'enfance, nous nous destinions au Notariat, cette considération d'exercice illimité était une de celles qui, dans notre entraînement vers cette belle profession, plaisait davantage à notre esprit.

(2) T. 6, n° 211.

véritablement une délégation immédiate de la puissance royale ; aussi , leur autorité figurant à côté de celle des cours et tribunaux, commande à la force publique et empreint ses actes d'un même sceau aux armes et légendes de l'État ; leur maison elle-même est décorée des armoiries et des couleurs nationales.

Comment les Notaires pourraient-ils accepter alors la dénomination impropre d'officiers ministériels ? Ne doivent-ils pas plutôt emprunter à la loi de 1803, leur véritable et toute logique qualification de *fonctionnaires publics* (1) et, à l'ancien droit romain, le titre de *magistrats* préposés à la confection des actes. (2)

---

(1) V. la décision de M. le Garde-des-Sceaux, du 17 Juin 1833.

(2) Notre législation politique renferme pourtant à leur égard une singulière exclusion : le Notariat ne peut concourir à l'élection des députés. C'est lui qui fait l'application journalière de la loi civile aux affaires qui se présentent en foule, et sous les formes les plus diverses, dans son étude ; au jury, il est admis à faire usage de la loi criminelle. Mais là se borne absolument sa capacité. Quoi ! le Notaire , par état, comprend et explique la loi , bien plus il rédige à chaque instant des dispositions qui font loi entre les parties, et vous le déclarez inhabile à choisir convenablement les membres de la législature ? A cet égard , il le cède au plus borné d'entre ses cliens qui paie un impôt annuel de 200 fr. N'est-ce pas en vérité se priver du concours d'une classe éclairée de citoyens, pour l'unique maintien d'un système qui n'a de solide que sa fiscalité.

Quel inconvénient y aurait-il à ce que les Notaires de 2ᵉ et de 3ᵉ classe fussent électeurs et à ce que ceux de première fussent éligibles ? Leur expérience des affaires , leur connaissance pratique du cœur humain , ne pourraient-elles pas apporter dans la balance législative un poids dont l'importance serait d'un avantage réel pour la société ?...

Les Notaires de 1ʳᵉ classe sont au nombre de. 413 }
Ceux de 2ᵉ, de. . . . . 1,427 } 10,225
Et ceux de 3ᵉ, de. . . . . 8,385 }
Voir l'*Annuaire du Notariat* publié par M. MILLEVILLE, (Paris, Videcoq).

Le Notariat étant une véritable autorité, il convient que cette autorité ne puisse être conférée indistinctement à toute personne. C'est donc bien à tort que des ambitions jalouses, plutôt que rationnelles, réclamèrent naguères l'exercice libre et illimité de cette profession. « Des devoirs beaucoup plus que des privilèges, disait le rapport de la commission des pétitions à la chambre des Pairs, en date du 22 Janvier 1831, résultent pour les Notaires, du caractère légal qui leur est attribué : les *privilèges* sont pour leurs actes, les *conditions* pour leurs personnes. » Grossière ou coupable erreur assurément que celle qui tendrait à faire confondre dans une réprobation générale, les privilèges personnels repoussés par notre ordre social actuel, et les garanties si justement exigées de ceux qui aspirent à exercer des fonctions d'une gravité peu commune.

CHAPITRE II.

—

Devoirs religieux et moraux des Notaires, principalement à l'égard de leurs clients.

§ Ier. — DES DIMANCHES ET FÊTES.

Notre tâche à cet égard, sera plus facile à remplir à une époque où plusieurs assemblées de Notaires en France, prenant l'initiative sur le pouvoir, décident que ces fonctionnaires pourront refuser leur ministère, sauf les cas d'urgence, les jours de Dimanches et de Fêtes reconnues et conservées par le Concordat (1).

A la suite de nos longues perturbations sociales, une réaction religieuse, consolante pour les amis de l'ordre et de la morale, s'est visiblement opérée, et si ses effets régénérateurs n'ont pas encore été plus universellement sentis, c'est qu'en général les hommes haut placés sont les derniers à se laisser aller à cette réaction salutaire. C'est pourtant un magnifique et imposant spectacle que celui offert par un grand

---

(1) Les Conciles de Tours (1583), de Bourges (1584)*, de Bordeaux (1585 avaient fait aux Notaires la défense expresse d'instrumenter le Dimanche.

* Dominico die cessent sæcularia negotia..... contractus, notariorum instrumenta, nisi quæ et necessitate testamentorum et matrimoniorum causâ differri non possunt. (Conc. hitur. c. 4.)

peuple qui, las de ses mille et infructueux essais pour arriver à la liberté , à la fortune , à la perfectibilité en tout genre, reconnaît un jour avoir fait fausse route en ne suivant point celle tracée par Dieu lui-même et qui, répentant de ses fautes et de ses erreurs, se jette entre les bras de la religion qui ne sait que pardonner , instruire et bénir.

Le devoir d'un Notaire , dans les localités où l'usage est établi de se présenter à son étude les jours de Dimanches et de Fêtes, pour y traiter d'affaires, est toutefois de fermer l'étude au moment où la grand' messe va commencer. Qu'il est beau de voir alors ce fonctionnaire, en qui les gens de la campagne ont toute confiance , sur les lumières duquel ils se reposent entièrement , marcher à leur tête vers le lieu saint où l'hostie sans tache va être offerte pour le salut du monde ! Cet exemple est puissant, d'autant plus sans doute que le Notaire n'a nul intérêt temporel et palpable pour en agir ainsi, qu'au contraire il interrompt les travaux de l'étude , et dérange momentanément l'allure de son cabinet; il faut, se disent les clients en eux-mêmes, que cet acte religieux soit en effet bien important, puisque notre Notaire, quelque affairé qu'il soit , quitte tout lorsque la cloche annonce l'heure de l'office (1).

---

(1) Combien nous nous sommes éloignés en tous points, de ces temps , de religieuse mémoire , où il avait été arrêté que *pour exciter les Notaires à une dilection mutuelle, par vœu de piété, et de plus dans le but d'invoquer l'assistance du Saint-Esprit, pour l'entier et digne acquit de leurs charges,* les Notaires entendraient, tous

Cet exemple produirait des fruits d'autant plus abondans et certains dans une paroisse, qu'il serait donné non seulement par le Notaire, mais encore par le Maire, le Juge-de-Paix, le Médecin, le Percepteur et autres personnes notables ; il est bien rare que dans les églises où se trouvent ces fonctionnaires publics, le peuple se tienne mal ; il imite volontiers ceux à qui leur position sociale commande le respect.

Quel compte terrible n'auront pas à rendre un jour ceux qui, loin de donner l'exemple du bien aux nombreuses populations qui les entourent, se permettent au contraire de tourner en dérision, devant elles, les choses les plus saintes, la religion et ses ministres ! C'est un affreux homicide, si ce n'est une atrocité inouïe dont l'effet le plus direct est de déraciner dans le cœur de l'homme ce qu'il y a de plus précieux : la Foi ; c'est-à-dire le germe de toutes les pensées nobles, généreuses et d'étouffer nécessairement en lui cette espérance si décisive et si salutaire, qu'après les mauvais jours de la vie actuelle, il est une autre patrie exempte de peines et de perplexités, il est un tribunal suprême rémunérateur de la vertu, vengeur du crime. Malheureux ! faites donc bâtir des lieux de réclusion, aiguisez donc le glaive du bourreau, agrandissez les bagnes, fondez des pénitenciers sur les plages arides et volcaniques des terres australes, si vous otez à

---

les dimanches matin, la messe dans leur chapelle. (Arr. du 13 mai 1681, homologuant les nouveaux statuts des Notaires de Paris.)

l'homme le seul frein capable de maintenir ses penchants vicieux !.....

L'homme, sur la terre, a des devoirs de deux sortes à remplir : envers Dieu, envers ses semblables; il est donc tributaire de deux pouvoirs: le pouvoir spirituel et le temporel. Deux codes ne réclament-ils pas dès lors son obédience ?.... le code éternel, ces inouïes révélations du ciel à la terre, cet évangile sublime, goûté des petits, entendu et admiré des grands lorsqu'ils imposent silence à leurs passions, offrant à toutes les classes, à toutes les conditions, ses admirables maximes, ses vérités douces, consolantes, procurant, dans l'application, le bonheur réel des individus, des familles et des états ; et enfin le code des lois humaines, froide et incomplète image du premier, énumérant les devoirs indispensables de l'homme en société vis-à-vis de ses semblables, et attachant des peines plus ou moins graves à leur transgression. Eh bien ! pensez-vous que celui qui seulement observe le code tracé par la main de l'homme (1) dans l'appréhension des châtiments qui suivent sa violation légale, aura accompli sa tâche entière? Un enfant, assistant à nos leçons de morale, répondrait assurément non. Car il est évident que la loi de Dieu passe avant celle des hommes.

Le bon citoyen, le père de famille vertueux, sera donc celui qui tiendra à accomplir d'abord la loi di-

---

(1) On peut affirmer sans crainte de se tromper que celui qui néglige la loi de Dieu, observe mal celle des hommes.

vine et par suite la loi humaine. Et qu'un jeune Notaire ne craigne point, en agissant selon le cri de sa conscience, de voir déserter son étude. S'il remplit ses devoirs religieux dans leur plénitude, il ne négligera certes aucune précaution suggérée par la prudence, et alors sa réputation de magistrat intègre, d'homme consciencieux, grave, studieux, lui gagnera la majorité de la population, et qui plus est, la partie la plus saine et la plus morale. Quelques hommes sans doute le fuiront : ils redouteraient pour leurs manœuvres ténébreuses et équivoques, ses allures droites et austères ; mais tant mieux, c'est avec de telles oppositions qu'on arrive à l'estime générale et à la considération publique. Car le monde qui souvent critique la vertu, ne peut s'empêcher en définitive de lui rendre hommage. J'ai connu des Notaires qui, pendant le cours de leur exercice, ne consentirent jamais à sacrifier leurs devoirs religieux aux exigences de leur emploi ; leur étude n'en fut pas moins florissante et renommée, et leur nom vénéré de tous.

Je sais que l'abstention du travail dans les études, aux jours fériés, sera d'une application plus facile dans les villes que dans les campagnes. En effet, dans les grands centres de population, les individus toujours en mouvement s'occupent d'affaires en tous les instans, n'ont point à cet égard de jours et de momens spéciaux ; mais dans les campagnes, c'est toute autre chose : le paysan emploie les six jours de la semaine au travail des champs, il aborde rarement dans cet espace de temps, le chef-lieu de sa commune ; tandis que le dimanche, il se groupe avec ses voisins et ses proches autour du clocher de la paroisse ; il vient assister à la messe, entendre le prône et passer ensuite la journée presque entière soit sur la place, soit dans des lieux de réunion publique où il rencontre ceux avec lesquels il est en relation d'affaires. Il voit les marchands de blés, de vins, il traite du prix de sa récolte, il paie l'impôt. De nos jours où les foires et les marchés sont en si grand nombre, il faudrait, sans aucun doute, remettre à ces jours de spéculation commerciale et industrielle, ces sortes de marchés, et laisser au Dimanche son véritable caractère tout spirituel, son but qui est de rendre à Dieu les hommages auxquels il a droit, de le remercier des biens, de la santé dont il nous a gratifiés pendant la semaine écoulée et de solliciter les mêmes faveurs pour celle qui va suivre, d'appeler enfin les bénédictions du ciel sur sa jeune famille, sur ses sillons, espoir de toute l'année (1).

---

(1) Ne serait-il pas grandement temps aussi que le gouvernement s'occupât sérieusement de veiller à l'exécution de la loi du 18 novembre 1814, sur la célébration des dimanches et fêtes? Un rapport consciencieux, présenté à l'occasion d'une pétition à la chambre des pairs, dans sa séance du 28 février 1844, en a fait sentir la nécessité pressante ; la pétition a été renvoyée au ministre des cultes. « Pourquoi, disait le rapporteur, serions-nous le seul peuple civilisé des deux mondes qui foulât aux pieds une injonction venue d'en haut et qui, à l'autorité d'une sanction divine, joint l'avantage reconnu par tous les physiologistes, de renfermer un utile précepte d'hygiène?... Certes, l'Angleterre, les Etats-Unis, les Républiques helvétiques, la Belgique, qui sont aussi des pays de liberté, ne souffriraient pas que, sous les yeux

Hélas ! depuis notre terrible révolution surtout ,
l'homme des champs s'est habitué à considérer le Dimanche comme un jour de marché , comme une journée libre qui lui est donnée , il ne sait trop par qui ,
pour faire des achats, des ventes , des voyages qui
constituent le plus souvent une double et énorme faute,
omission de ses devoirs religieux d'abord , empêchement ensuite pour ceux que l'on va visiter, de remplir
ces mêmes devoirs. Pourtant l'agriculteur , environné
des magnificences de la création, devrait ne jamais
perdre de vue cette vertu divine , influence prodi-
gieuse qui donne à tout l'accroissement et la vie ; car
c'est lui surtout que « la divinité enveloppe et pénè-
» tre de l'expression de sa présence, il touche Dieu,
» si l'on peut s'exprimer ainsi, par tous les sens ; il

---

de leurs peuples , on méconnût ouvertement une des premières
lois de leur code religieux. »

Qu'elle est éloquente et vraie cette exclamation d'un illustre
pontife de l'église de France : « Gloire au dimanche ! c'est le jour
de la famille. Que de charmes ce beau jour répand dans une
maison chrétienne ! On se plaint, et avec raison, que les liens de
la société domestique se relâchent, que l'esprit de famille tend
de plus en plus à se dissoudre. Mais on peut remarquer que ce
désordre se propage et se généralise à mesure que les saintes
prescriptions de la loi du repos sont plus scandaleusement mé-
prisées. Que le dimanche reprenne ses droits, rendez-lui ses
antiques honneurs , et vous verrez bientôt refleurir cet heureux
temps où chaque foyer était une école de vertu , un sanctuaire
de paix et d'innocence. Vous verrez se renouer d'elle-même la
chaîne de ces traditions de sagesse et de probité qui se trans-
mettaient comme un héritage de génération en génération et que
nos pères , dans la simplicité de leurs mœurs et la naïveté de
leur foi , faisaient passer avant toutes les distinctions du rang et
de la fortune. Le dimanche , en effet, est à lui seul toute l'édu -
cation de la famille... »

» le voit dans le rayon du soleil, dans le brin d'herbe,
» dans la goutte de rosée ; il l'entend dans le bruit
» des vents et de l'orage ; il le respire dans les éma-
» nations d'une nature fleurissante et embaumée ;
» aussi l'irréligion, et en particulier la révolte contre
» la défense de Dieu par la transgression du Dimanche,
» prend-elle un caractère plus odieux chez l'homme
» des champs, chez l'habitant du village. Faut-il grand
» Dieu ! que ce désordre ait pénétré jusques dans ces
» derniers asiles où s'étaient réfugiées les anciennes
» mœurs et l'heureuse simplicité de la foi ? (1) »

La campagne ayant de si déplorables allures, est-il bien facile à un notaire de fermer son étude tout le jour férié ? du moins il le doit et le peut pendant les offices , nous en avons la conviction religieuse , nous en avons l'expérience. Il y a quelques années on nous adressait cette grave objection relative au travail du Dimanche : « le laboureur travaille pour du pain dont souvent il n'a pas son saoul ; il est honni , ir-réligieux , impie ; l'avocat consulte, le commerçant calcule, le Notaire instrumente et pourquoi ? pour un argent dont ils n'ont que faire !... ils sont tolérés , cela leur est permis ; injustice des jugemens des hommes !... Mon Dieu ! votre justice sera-t-elle sem-blable à la nôtre ? eh quoi! « il y aurait une punition pour le travail du premier qui quelque fois manque du nécessaire et il n'y aurait pas un châtiment pour les derniers qui le plus souvent ont tout en abondance ?

---

(1) Lett. past. de Mgr. l'archevêque de Cambrai. — 1846.

autant vaudrait- il dire qu'il n'y a ici-bas aucune notion du juste et de l'injuste. »

Dans notre réponse, et pour atténuer un peu le ton
décisif de l'attaque, nous commencions par établir la
différence qui existe réellement entre le travail manuel , celui du négociant par exemple et celui qui est
purement intellectuel, comme le travail de l'avocat, et
nous signalions ensuite les inconvénients qu'il y aurait
à fermer entièrement l'étude des Notaires pendant les
jours fériés. Quel a pu être, disions-nous alors, le but
de l'institution du Dimanche ? Deux grands motifs
principaux l'ont visiblement fait instituer : 1° rappeler
à l'homme sa céleste origine, particulièrement une
fois par semaine , en le retirant des travaux pénibles
pour l'appliquer à la prière, à l'élévation de son cœur
vers Dieu, seul auteur de toutes choses ; voilà sans
doute le plus noble et le premier des motifs ; 2° offrir
à l'homme courbé sous le poids du travail, un jour de
repos qui put refaire ses forces épuisées. Telle est la
seconde cause de l'institution du Dimanche, cause qui
fut dédaignée par de cruels politiques du dernier
siècle alors qu'ils allongèrent la semaine de trois
jours et qu'ils rendirent dans les villes manufactu-
rières surtout, son poids énorme de dix jours, intolérable pour les pauvres.

Maintenant, si les travaux des champs, si ceux des
artisans, si les échanges et les transactions du négociant sont comprises dans la prohibition , comme des
travaux manuels qui courbent le corps vers la terre et
y abaissent les regards et les pensées de l'homme ,

quelle raison y aurait-il de proscrire les travaux purement intellectuels, ceux qui, du simple ressort de l'esprit et de la pensée, comme le sont ceux de l'avocat et du Notaire, n'affectent point le corps? Telle est en substance la solution qui est donnée ordinairement par les théologiens à ceux dont le travail est purement intellectuel (1).

Examinons à présent si la fermeture d'une étude, pendant le dimanche et hors les offices, entraînerait des inconvénients : nous n'en pourrions voir que dans quelques cas tout à fait exceptionnels, par exemple lorsqu'au sortir de l'église, au milieu de la foule, un créancier rencontre son débiteur peu ponctuel, un acquéreur, son vendeur retardataire, parce qu'il a déjà touché ses fonds, et quelques autres incidents de cette sorte, conviendrait-il de remettre à un autre temps tous ces hommes, auxquels un seul jour de retard, une heure quelquefois, pourrait occasionner sinon une perte grave, tout au moins un dérangement partiel dans leurs affaires. Nous ne parlerons point du testament, tout le monde reconnaît qu'un Notaire serait inexcusable en s'abstenant d'instrumenter à la demande d'un testateur malade ou non, pendant le jour du repos. Si d'ailleurs, pour les travaux manuels eux-mêmes, il est

---

(1) Les arts libéraux comme l'étude de la théologie, du droit et autres, ne tombent point dans cette prohibition, selon les canonistes : on peut, sans offenser Dieu, s'y attacher pendant ces jours-là sans distinguer s'il en vient du gain ou non, pourvu qu'on satisfasse au devoir du chrétien et au commandement de l'église qui est d'entendre la messe. (*Diction. de Droit*, par FERRIÈRE, édit. 1779, v° jours de fête).

certains cas d'urgence qui les légitiment, sauf toutefois l'avis des supérieurs ecclésiastiques , à plus forte raison des circonstances de cette nature légitiment-elles pleinement les travaux qui sont du simple ressort de l'intelligence.

Il est clair que si une mesure générale , soit loi ou ordonnance , interdisait , pendant les dimanches et fêtes , sauf toutefois les cas d'urgence , le travail des études , tout serait pour le mieux , et celui qui , peu accoutumé aux distinctions délicates et scolastiques que nous avons établies entre les différentes sortes de travaux , les confond , à dessein peut-être , dans son esprit comme dans ses discours, n'aurait plus de prétexte. La mauvaise foi n'irait plus fréquemment puiser dans des faits qui n'ont réellement point de parité , de prétendues excuses incapables de justifier. L'importance que depuis quelques années cette question a acquise , nous fait espérer qu'avant long-temps elle recevra une solution satisfaisante.

Un journal spécial (1) se pose cette question à l'égard du travail de l'étude pendant les jours fériés : La disposition relative aux dimanches et fêtes , établie dans un réglement arrêté en assemblée générale des Notaires, serait-elle obligatoire ? et il donne la solution suivante : D'après l'art 23 de l'ordonnance du 4 janvier 1843, les réglements faits en assemblée générale doivent être soumis à l'approbation du ministre

---

(1) Le *Contrôl. de l'Enregist.*, *Journ. du Not.* , année 1844 , p. 56.

de la justice. Si le ministre approuve, cette approbation rend le réglement obligatoire pour tous sous les peines disciplinaires ; la majorité, dans ce cas, a lié la minorité, ou plutôt il n'y a plus ni majorité, ni minorité, il y a un réglement, une loi qui oblige tous ceux pour lesquels elle est faite.

Il avait déjà été décidé par la cour royale de Colmar (1) que, *sauf les cas d'urgence*, les Notaires étaient libres de prêter ou de refuser leur ministère les jours de dimanches et de fêtes légales.

Un des considérants de l'arrêt porte : « Que, parmi les moyens de droit, se présente tout naturellement la justification résultant de la combinaison et du rapprochement des lois de la matière : que, pour les *actes ordinaires non urgents* et autres que ceux pour lesquels des lois spéciales ont prononcé une prohibition, les Notaires auraient toute liberté d'*acter ou de ne pas acter* les jours de dimanches et ceux fériés.... »

« Quel que soit l'acte, ajoute un auteur, qu'un particulier ait à passer, il ne saurait se plaindre de ce que le Notaire s'est volontairement absenté de son étude un jour de dimanche (1). Il ne pourrait y avoir difficulté que si la partie parvenait à adresser sa réquisition au Notaire en personne et dans un cas urgent. »

Comment ne pas approuver ce jeune Notaire qui,

----

(1) Arr. du 25 mai 1834.

(2) Arg. tiré de l'art. 57 de la loi du 18 germ. an 10 et 5 de la Charte. (*Diction. du Not.*, v° fête).

après avoir assisté à une messe basse , se rendant un dimanche matin dans une commune voisine , pour y retenir un acte de son ministère, et rencontrant plusieurs groupes de paysans qui venaient ouïr la messe paroissiale, leur répétait de proche en proche , et afin qu'ils ne se scandalisassent point : « Mes amis , vous allez à la messe, moi j'en ai fait autant ce matin à St.-N..., j'ai commencé par remplir ce devoir avant de me mettre en route. »

Ceci pourra sembler de la simplicité à plusieurs , mais quand il s'agit de devoirs, la simplicité d'intention est souvent sœur de l'héroïsme.

§ 2. — DU CONTRAT DE MARIAGE (1).

Il est un acte important et décisif dans la vie, celui où l'homme, parvenu aux beaux jours de son existence, se choisit une compagne avec laquelle il doit marcher au travers des sentiers pénibles qui lui restent à parcourir. Le Notaire est appelé dans cette circonstance solennelle, et bien que sa mission consiste principalement à traiter les questions d'intérêts des deux époux, sa voix a pourtant assez de gra-

---

(1) Deux régimes, en France, se partagent les choix des époux : le régime *dotal* et celui de la *communauté*. Le régime dotal ne va plus à nos mœurs. Par son immobilité, il entraverait trop le mouvement industriel et spéculatif de l'époque ; d'ailleurs, il serait évidemment pour le petit propriétaire, un vrai supplice de Tantale. Ce régime ne peut convenir qu'à certaines grandes fortunes territoriales, rares débris d'un passé positif qui s'en va et s'efface de plus en plus ; le conseiller aux masses, serait aujourd'hui commettre un rebutant anachronisme, et de plus une injustice quelquefois cruelle.

Au contraire, le régime de la communauté, avec ses nombreuses modifications, sa faculté décisive d'aliéner la dot, qui domine toutes ces modifications, s'harmonise mieux avec les multiples situations de notre existence actuelle, vagabonde, imprévoyante, audacieuse, comme les gigantesques moyens de communication dont la *vapeur* civilisatrice nous a enrichis. Aujourd'hui, tout le monde court, se presse, a hâte d'arriver à son but ; on dirait, à l'égard des affaires temporelles du moins, que l'homme a compris, enfin, la rapidité et la brièveté de la vie.

vité pour donner parfois des conseils de toute sorte
que la position des jeunes gens à marier rend si salutaires (1).

J'ai vu des Notaires qui, dans l'intitulé de ces actes
et afin de rattacher sans doute ce contrat civil à la
divine institution du mariage, mentionnaient indépendamment de la formule relative aux lois de l'Etat,
l'intention chrétienne des époux de *faire célébrer leur
union selon les rites de la religion catholique par eux
professée*. Indubitablement, cette mention avait pour
effet de rappeler aux jeunes contractants et aux parents
qui les accompagnaient, l'importance du sacrement si
fécond en bénédictions célestes et en enseignements
graves et touchants. Un autre effet qui, bien que plus
éloigné, avait aussi son but important, c'était de
transmettre aux générations suivantes les principes de
foi, de croyances religieuses qui avaient animé leurs
ancêtres à l'occasion de leur mariage.

La plupart de ces formules essentiellement morales
ont, hélas! disparu. Peu de Notaires aujourd'hui, soit

---

(1) Très récemment la question suivante nous fut soumise par
de pauvres ouvriers, et sa solution retardait outre mesure l'accomplissement d'un mariage. Le père du futur époux, atteint de
folie, et par suite incapable de manifester sa volonté, peut-il être
suppléé par la mère dans le sens de l'art. 149 du Code civ.? Nous
répondîmes affirmativement. Toutefois, il faut que cette impossibilité de manifester sa volonté soit constatée ainsi que l'enseigne la C roy. de Poitiers dans son arrêt du 11 mars 1828 : et
cette constatation a lieu au moyen d'un acte de notoriété dressé
devant le juge de paix du domicile de l'ascendant, homologué
ensuite par le tribunal civil. L'interdiction n'est pas jugée nécessaire pour le cas spécial qui nous occupe.

dans les contrats de mariage, soit dans les testaments, rapprochent l'homme de la divinité, lui font élever les yeux au-dessus de cette terre où les doctrines matérialistes des novateurs modernes les ont cloués d'une manière si pitoyable et si dégradante pour la sublimité de notre origine. L'auteur payen, dans ses vers, avait rendu plus de justice à l'humanité, lorsqu'il s'était écrié plein d'un noble enthousiasme en contemplant l'homme :

> Dieu dit , et vers le ciel levant un front sublime
> De la terre au soleil l'homme a sondé l'abîme. (1)

Quand viendra donc le jour où nous nous montrerons reconnaissants dans la pratique, des immenses avantages dont le christianisme a doté la terre?

Le ministère notarial ne doit point finir là. Ses nombreuses relations le mettent en rapport avec une foule d'individus. C'est un père, c'est une mère, c'est une sœur qui auront à se plaindre des procédés de leur fils ou frère, et qui viendront confier leurs doléances à l'homme de leur choix et de leur confiance. Ils lui diront comment des inimitiés , des dissensions sont nées à l'occasion d'un mariage qui répugnait à la famille, ou de liaisons contraires à la morale chrétienne. Que de sages conseils, que d'observations délicates, conciliantes , empreintes de cette sage modération, dont le Sauveur du monde nous donna l'exemple vis-

---

(1) ...... Os sublime dedit , cœlum que tueri
Jussit et erectos ad sidera tollere vultus. (OVID.)

à-vis de la femme adultère, doivent sortir alors de la bouche du magistrat chrétien! Et quels triomphes pour lui, lorsqu'à la suite de ces paternelles et touchantes observations, adressées aux vrais coupables, il verra enfin la morale reprendre ses droits, l'ordre et la paix renaître au sein des familles que l'affection seule, qu'une toute fraternelle sympathie devraient animer sans cesse. Le ministère notarial alors sera-t-il borné au simple rôle passif d'un Scribe rigoureusement attaché à transcrire les conditions ou lois particulières que les citoyens s'imposent entre eux? n'aura-t-il pas plutôt grandi tout-à-coup sous l'influence de la charité chrétienne, et jusqu'à devenir un quasi-sacerdoce digne de notre respect et de notre admiration?

Parfois un motif louable déterminera le Notaire à presser le mariage de deux personnes unies par des liens illégitimes. Des enfants auront été le fruit de ces coupables unions, et le fonctionnaire public, habitué qu'il est à lire dans la loi les peines que, dans l'intérêt seul de la morale, les législateurs ont dû faire peser et sur les coupables, et, à leur défaut, sur les victimes innocentes de honteux déportements, fera sentir aux père et mère la responsabilité morale de leurs actes, surtout à l'égard de ces frêles créatures ; il fera ressortir l'injustice criante de tels procédés au sujet d'êtres infortunés qui n'avaient point sollicité la lumière, et qui, à peine capables de se mouvoir, prodiguent des caresses et des embrassements à ceux mêmes qui maintiennent cruellement sur leur jeune front, le cachet de la honte et de l'ostracisme héréditaire. Le Notaire alors parlera bien haut en plaidant, auprès des père et mère, la cause touchante de leurs jeunes enfants, et il atteindra infailliblement son but (1); les susceptibilités, les considérations de classe et de fortune disparaîtront bientôt, et le mariage sera célébré.

Un jour le Notaire, assis dans son cabinet, réfléchissant peut-être aux graves devoirs que lui impose sa charge, mais aussi aux satisfactions intérieures qui résultent souvent pour lui du devoir rempli en conscience, verra paraître devant lui un frère, une sœur qui, vêtus d'habits de deuil, donnant à leurs parents défunts le tribut de leurs pieuses larmes, lui viendront confier leurs titres de famille pour le réglement des droits de chacun. C'est à vous, Monsieur, diront-ils, que nous sommes redevables de ces biens, c'est par suite de vos sages et chrétiens avis que nous ne serons point expulsés du toit paternel!... Grâces éternelles vous en soient rendues!... Poursuivez, magistrat intègre, la noble tâche que le ciel vous a si justement confiée; vous pouvez compter sur les bénédictions du peuple, et sur celles autrement précieuses du ciel! et le Notaire, la tête penchée, les yeux

----

(1) Dans cinquante des principales villes de France, il existe maintenant une association pieuse sous l'invocation de Saint François Régis, qui travaille à faire réhabiliter les mariages contractés en dehors de l'église, et à élever à la dignité d'époux ceux qui vivent dans un honteux libertinage. A Bordeaux, cette œuvre admirable a ainsi conquis en peu de temps plus de 600 mariages et légitimé plus de 300 enfants. Honneur à la religion chrétienne qui se montre partout et toujours où il y a une faute à effacer, un tort à réparer, une blessure à guérir.

mouillés de douces larmes, recueillera le fruit de ses nobles labeurs, autrement précieux que ces quelques et froides pièces de monnaie qui, d'ordinaire, sont le lucre de la profession uniquement matérielle.

Un Notaire délicat peut-il ne pas s'opposer de tout son pouvoir à ce que, dans un contrat anté-nuptial, la dot de l'épouse ne soit démesurément grossie au détriment des créanciers actuels ou futurs de l'époux qui, se voyant exposé aux chances du commerce, se ménage ainsi, mais contrairement aux prescriptions sacrées de la morale et de la conscience, une planche après le naufrage. Dans les villes où le commerce se fait sur une grande échelle et déplace, chaque jour, d'immenses fortunes, jetant à celui-ci l'or à pleines mains, à cet autre la misère et la honte, il n'est point rare de voir d'aussi révoltants abus mis en pratique : arme dangereuse et à deux tranchants quelquefois, elle atteint et blesse l'homme qui l'emploie aussi bien que celui contre lequel elle était traîtreusement dirigée.

Il est des localités où les Notaires sont fréquemment invités à ces festins qui ont lieu, à l'occasion des mariages. Si plusieurs des convives et particulièrement à la campagne, trouvent dans ces réunions le moyen de faire parade de bel esprit en portant toutefois à la morale les plus rudes atteintes, celui que distinguent et son éducation et sa position sociale, doit sentir le besoin de penser et d'agir autrement. Combien un cœur noble et délicat respire difficilement au milieu de ces impures émanations de l'esprit de ténèbres.

Les paroles obscènes comme la boue la plus vile, salissent et défigurent la blancheur de l'âme. Nous en avons l'expérience : si un jeune Notaire sait imprimer à son front une imposante gravité, lorsqu'une parole mauvaise s'échappe du sein de l'assemblée; si sa bouche ne profère jamais de ces mots à doubles sens qui, par suite de la dégradation de notre nature, sont si rapidement compris de tout le monde, même des plus bornés d'entre le peuple ; si sa conversation est toujours intéressante, remplie d'anecdotes instructives, et qui respirent, au travers d'une gaîté expansive et sagement tempérée, la variété et l'à-propos : un tel homme sera certainement compris et apprécié ; bientôt sa présence sera le signal de la réserve dans les paroles et dans les actions. Les danses, les jeux auront leur cours, mais les oreilles chastes de jeunes personnes ne seront pas aussi souvent blessées par des paroles grossièrement indécentes. Certes, nous l'avons expérimenté plus d'une fois, et si notre goût nous eut porté davantage à nous trouver au milieu de ces fêtes, nous aurions plus fréquemment encore apprécié combien l'homme réservé en impose d'ordinaire aux bouches impies ou légères. Mais le plaisir bruyant ne va point également à tous les individus. Qui oserait blâmer celui qui, parvenu à cet âge où la raison, dégagée des illusions du siècle, estime à leur juste valeur les fêtes et les joies du monde, et tient ses lèvres éloignées de cette coupe dangereuse au fond de laquelle se trouve presque toujours la lie la plus amère?

Nous le savons, les gens irréfléchis admettent cette proposition évidemment fausse : que l'éloignement des plaisirs produit nécessairement chez l'homme une sorte de tristesse et de mélancolie sauvage, comme si la véritable gaîté , la joie pure et durable, n'étaient pas l'apanage infaillible de la vertu. Mais laissez penser le monde à sa guise; pour vous, agissez au gré de votre conscience. La raison sera de votre côté. O certes ! l'homme qui réfléchit, qui sent battre au dedans de lui un cœur généreusement sympathique pour ses semblables , se rapprochera plus volontiers de celui qui souffre , qui pleure , qui se désole, que de celui qui , dans l'ivresse du plaisir , semble se suffire pleinement à lui-même. Oui ! là est assurément le bonheur, quand vous avez-mêlé une larme à celles de l'indigence ou du repentir, quand vous avez relevé un courage abattu, versé le baume d'une parole amie sur une effrayante plaie du cœur ou de l'esprit , réjouissez-vous pleinement alors , car vous avez joué le rôle magnifique d'une seconde providence. O comme tout à l'heure la terre paraissait froide , inhabitable à cet être malheureux et délaissé !... que la vie lui semblait une charge lourde , intolérable ... et vous, son frère, au cœur bon et sensible, avez allégé cet immense fardeau. Oui, le doigt de Dieu a signé votre front ! si maintenant l'auréole du bonheur l'entoure et le fait resplendir d'un reflet divin , quoi de surprenant ? N'avez-vous pas répondu au but si noble de votre vocation ? Toute la loi n'est-elle pas dans la charité? La Religion, c'est l'amour, mais allumé toutefois au flambeau céleste et se consumant sans cesse pour Dieu et l'homme.

Le philosophisme voltairien ou autre plus moderne encore, malgré ses efforts convulsifs est aujourd'hui décidément jugé, on peut dire partout, parce qu'il est suffisamment connu. Tout homme réfléchi raisonne à présent comme cette *feuille* allemande (1), dont nous transcrivons le passage : « Ce qu'on nommait *philosophie* en France, dans le siècle dernier, est devenu une absence d'idées claires. Ce qui en reste encore chez un petit nombre d'adeptes, est une certaine moquerie contre la religion, et une haine aveugle et systématique contre le clergé... Que peut-elle donner à l'homme cette *philosophie* fatale, au-delà de la religion? La science des formules scolastiques et la surestimation de l'individu. Avec ces hochets, on ne relève aucun coupable, on ne corrige point celui qui a failli, on ne console point le malheureux, et on ne fortifie point le faible ; ni l'enfant, ni l'homme ne reçoivent une goutte de rosée bienfaisante de cette *philosophie* aride et desséchée.

« Allez donc nourrir et allaiter l'humanité souffrante avec votre triste *philosophie*...Non, l'humanité ne prendra jamais fait et cause contre la religion du Christ, pour les sophismes désolants de ces pauvres doctrinaires. »

---

(1) *Gazette d'Augsbourg.* — 1844.

§ 3. — DU DIVORCE, DE LA SÉPARATION DE CORPS, ET DE LA SÉPARATION DE BIENS.

Le divorce ne saurait être en faveur que dans les sociétés qui tombent en dissolution. Sur la fin de l'empire romain, on comptait aussi bien les périodes écoulées par les divorces, que par les fastes consulaires. Quand la Nation française, sur la fin du dernier siècle, eut reculé de l'immense intervalle qui sépare la loi du Christ d'avec l'abrutissant panthéisme, quand la prostitution eut obtenu des récompenses publiques et même des autels, le divorce fut remis en honneur, et il effraya le monde par ses nombreux et dégoûtants scandales.

Après les terribles jours de châtimens et de larmes imposés par le ciel à la terre, la morale revendiqua ses droits, les idoles roulèrent dans la poudre ; devant les autels du vrai Dieu, le mariage reprit sa consécration solennelle et divine, et le divorce, son terrible adversaire, fut terrassé. La loi de 1816 l'abolit alors que, par le fait, il n'avait plus que de rares zélateurs, et que le bon sens d'un peuple redevenu chrétien, avait fait justice de cette loi de corruption.

Resta la séparation de corps aux époux infortunés

auxquels un défaut de sympathie, souvent des passions insensées, rendent la vie commune lourde, intolérable. Si, pour ces derniers cas, un Notaire est consulté, de quels sages tempéraments ne devra-t-il point user pour faire renaître, s'il est possible, l'accord et l'harmonie entre deux êtres qui se sont si étrangement éloignés du jour qu'ils considérèrent jadis comme le plus heureux et le plus suave de leur existence. Et s'il n'a point recours aux graves enseignements du Christianisme, s'il n'emprunte point le langage même de la charité, où trouvera-t-il des expressions capables de toucher des cœurs usés, desséchés par le souffle et les vains systèmes du monde, affadis par ses discours légers et menteurs. Ne prendront-ils pas pour une hypocrite sympathie, les élans de l'amitié la plus généreuse et la plus compatissante ? Mais si la parole du fonctionnaire vibre sous l'influence pénétrante et décisive de cette doctrine céleste, qui jadis étonna et confondit les Pharisiens s'enquérant près du législateur-Dieu, si l'homme pouvait répudier son épouse, quoi de surprenant si ce langage opérait un merveilleux rapprochement ?

Il est une autre situation entre époux, honteusement multipliée de nos jours, que la loi autorise et qui est trop féconde en abus. La femme voit-elle sa dot en péril; les déportements de son époux ou même de tous deux à la fois, ont-ils dérangé les affaires du ménage, la demande en séparation de biens est aussitôt sollicitée du tribunal civil. L'épouse reprend l'administration de ses biens propres ; ceux du mar

sont le plus souvent employés à compléter la dot en-
tamée de sa femme, à couvrir les frais énormes de la
procédure. De là perte évidente pour les créanciers
du mari.

Comme bien souvent cette procédure cache des
fraudes, des manœuvres iniques, les Notaires doivent
être sobres de conseils dans ces circonstances , à
moins qu'ils ne tendent à dissuader les parties d'a-
voir recours à un moyen extrême qui leur fait toujours
perdre en considération dans le monde, ce qu'elles peuvent récupérer en valeurs pécuniaires. Ils ne doivent
point envier aux avoués la connaissance de ces sortes
d'affaires. J'ai connu des Notaires qui, à cause de telles
procédures , dont ils se faisaient les zélés champions,
en toute occurence , avaient insensiblement répandu
sur leurs personnes un notable vernis de défaveur.
Les jeunes Notaires doivent donc se soustraire avec
un soin délicat à ces graves inconvénients.

Je terminerai ce paragraphe par un fait historique
détaché du portefeuille d'un vieux médecin des armées impériales , et capable d'inspirer l'horreur du
divorce (1).

---

(1) Bien qu'aboli par la loi de 1816 , le divorce n'a pas moins
continué à figurer dans les nouvelles éditions de nos codes.
Pourtant une nation chrétienne aurait dû tenir à faire disparaître
jusqu'à la trace même de ces démarches rétrogrades, en des
jours calamiteux, vers la législation païenne. En intercalant à la
place des 77 articles qui ont trait au divorce, quelques dispositions
nouvelles et réclamées par les besoins progressifs de l'époque ,
on ôterait d'ailleurs aux hommes irréligieux, tristes débris d'un
passé funeste , la pensée de faire revivre encore cette législation impie.

Napoléon , luttant contre l'Allemagne , la Russie , la Suède et l'Angleterre , venait de gagner , le 2 Décembre 1805 , la fameuse bataille d'Austerlitz. J'eus occasion de donner, à l'ambulance , mes soins à un jeune sous-officier atteint d'une grave et effrayante blessure dont il mourut au bout de six jours; comme je le félicitais du courage et de l'audace, qu'au rapport d'un ses chefs, il avait déployés dans cette chaude et glorieuse journée , le malheureux jeune homme répartit : Ah ! de grâce! cessez, Monsieur; ces louanges me font mal. . . .

— Eh pourquoi ! jeune compatriote ? l'honneur d'avoir si noblement défendu sa patrie aux prises avec quatre grandes puissances et d'en avoir triomphé , peut-il jamais avoir son égal? l'admiration de tous les siècles n'est-elle pas acquise à ces héros qui viennent de gagner le brevet de premiers soldats du monde.

— J'avoue qu'après ce fait d'armes , on doit se sentir heureux d'appartenir à la France. Mais hélas ! le seul amour de la patrie n'a point dirigé mes coups; un autre motif, moins noble et moins avouable , m'a inspiré et a donné à mon bras une puissance furieuse, irrésistible !... c'était. . . . . le désespoir. . . . . oui! je vous l'avoue, je cherchais la mort au milieu de l'action... car depuis peu je la trouve trop lente à venir. . . . .

— Calmez-vous , jeune ami ! combien je regrette d'avoir provoqué, sans le savoir, cette terrible scène, le repos et la tranquillité d'âme vous sont si utiles au milieu de vos douleurs.

— Le calme et le repos , je ne les attends plus sur

la terre, et ma plus grande joie , si je puis donner ce
nom au sentiment qui m'agite , est de songer à l'im-
puissance de votre art en présence de la profonde
blessure qui m'a été faite..... Mais les soins tendres
que vous m'avez donnés , l'intérêt que vous me té-
moignez, exigent toute mareconnaissance, et, à ce titre,
je dois vous ouvrir mon âme.

— Quelque excitée que soit ma sympathie toute affectueuse pour vos malheurs, je dois vous engager à
suspendre ce récit qui vous fatigue et à le renvoyer à
demain.

— Ecoutez-moi , je vous en prie , ce récit bien
loin d'aggraver ma situation , déchargera mon cœur ;
les malheureux ont besoin d'épancher la peine qui les
oppresse, et s'ils rencontrent quelqu'un qui la partage,
elle leur devient plus supportable.

Je me résignai.

— « Mes études de droit achevées , reprit le sous-
officier , j'avais, en 1802, épousé une jeune personne
charmante de la petite ville de C..... Au bout d'une
année d'union la plus douce et en apparence, la mieux
assortie , je donnai mon nom à une fille qui semblait
destinée à compléter mon bonheur; je songeai dès
lors à me procurer un emploi qui me mit plus
tard à même d'élever honorablement ma famille, j'ob-
tins une place dans la magistrature , et je fus envoyé
dans la ville de N....; malheureusement j'y fis la
connaissance de quelques jeunes hommes frivoles ,
sans mœurs ; ce fut là , Monsieur , la cause de mes
longues infortunes ; je ne tardai point à m'apercevoir

que tout dans ma maison respirait cet air de bel esprit ou mieux de libertinage que j'y avais moi-même si imprudemment introduit avec de faux amis ; j'avais fait le mal, j'en subis bientôt les fatales conséquences.

» Quand je voulus apporter remède au désordre , c'était déjà trop tard; ma femme m'abandonna, et prétextant de mauvais traitemens, des sévices graves dont, au dire de mes faux amis , je l'avais fréquemment accablée , elle m'intenta brusquement une action en divorce. Nous étions alors au mois de Juin 1803. Contre l'avis de mon Notaire, homme prudent et sage, foncièrement ami de la morale , qui me conseillait de rendre compte de ma position au grand juge, ministre de la justice; et de solliciter mon prompt changement, je laissai faire ; l'indignation s'était emparée de moi et avait pour ainsi dire paralysé tous mes mouvemens.

» Un jour , jour sombre au moral comme au physique , seul dans ma maison avec un ou deux domestiques , j'errais de chambre en chambre demandant à embrasser ma fille , seule consolation qui me restât ; je ne la trouvais point, j'appelai de nouveau, la nourrice ne se montrait point, une servante toute en larmes parut, elle hésitait à me répondre; je craignis de provoquer une explication effrayante : probablement ma fille n'était plus ; c'en était trop pour mon cœur naturellement sensible. Je sortis dans la rue, la pluie tombait avec force , une voiture publique vint à passer. Sans savoir de quel côté elle dirigeait sa marche , j'y montai et me voilà sur la route de Paris.

Que cette capitale, avec ses mille et un palais, ses

rues animées , ses distractions fameuses, me parut
triste ! Ce n'était plus , Monsieur, le Paris que j'avais
vu trois années auparavant, lorsque, complètement
insouciant de l'avenir , je faisais mon cours de droit.
Quelle teinte funèbre la douleur prête aux plus ri-
ches aspects ! Cette cité, que je revoyais au travers de
mes larmes et des étreintes de la plus noire anxiété ,
me semblait affreuse , inhabitable ; je n'y séjournai
qu'un instant. La voiture de Paris à Strasbourg m'em-
porta sur les bords du Rhin, et je contractai dans cette
ville frontière, un engagement militaire. Tout mon espoir était , dans ces temps où la guerre dévore tant
d'existences, de lui abandonner la mienne, de lui jeter
un reste de vie qui m'était lourd , insupportable.
Grâce aux enseignemens pieux d'une mère chrétienne,
j'avais toujours reculé devant l'affreux suicide qui cent
fois s'était présenté à mon imagination bouleversée.

» C'est donc ainsi que je me suis trouvé à la brillante journée d'Austerlitz, c'est ainsi que conduit par
le désespoir et les tortures intérieures, qu'alimentait
le souvenir d'une épouse infidèle , d'une fille trop
précipitamment abandonnée, et qui mourut quinze jours
après mon départ , je frappais des coups terribles ,
pénétrant au plus fort de la mêlée , donnant la mort
et ne la recevant jamais.

» Combien pourtant le ciel a été indulgent à mon
égard ! Je suis tombé enfin percé d'une balle ennemie,
mais la mort n'a point été instantanée. Dans ses lentes
allures , elle m'a donné le temps de me reconnaître
et de déplorer mes fautes passées ; elle m'a fourni

l'occasion de vous devoir une reconnaissance sans bornes. J'en remercie Dieu, et désormais je mourrai plus tranquille....

» En effet, ce pauvre jeune homme, au bout du sixième jour de pansement, consolé par la religion, mourut avec un calme d'esprit qui contrastait singulièrement avec les violentes douleurs qu'il endurait; il semblait que la mort fut devenue son domaine, son élément de prédilection. »

Le divorce, les passions qu'il favorise, les malheurs qu'il traîne à sa suite, nous ont toujours paru bien odieux vus au travers de cette lamentable histoire.

§ 4. — DU TESTAMENT.

Quand l'homme touche à la fin de sa carrière, il jette un dernier regard sur ceux qui l'entourent, et, voyant près de son lit de douleur une épouse éplorée , un fils , une nièce qui jusqu'à la fin l'ont environné des soins les plus affectueux , il sent le besoin de leur laisser un témoignage ostensible de sa gratitude et de sa reconnaissance. Un Notaire est, à l'instant, mandé, et, sous la dictée solennelle du testateur , il écrit les disposions de dernière volonté.

Quelquefois des motifs moins honorables inspirent au malade le dispositif de son testament. Une parole sortie de la bouche de celui-ci l'a froissé il y a tantôt un mois , une année; un regard de celle-là l'a fortement indisposé , les démarches de cet oncle , de ce neveu , lui ont paru contraires à ses intérêts ; le mariage de ce fils, de cette cousine, l'a mécontenté; autant de motifs pour les priver d'une part dans sa succession ou pour les en exclure entièrement (1).

Dans cet entretien tout confidentiel et tout amical qui a préalablement lieu entre le malade et le Notaire, celui-ci doit faire comprendre à son client que s'il est un moment ou le pardon des injures, du défaut d'égards, d'attentions, de précautions minutieuses, est de rigueur, c'est bien certes à ce moment suprême où l'homme passe du temps à l'éternité. Près de paraître devant Dieu, dont il aura besoin de solliciter l'indulgente compassion, voudra-t-il en quittant la terre y laisser des traces d'une rigoureuse et irrépable vengeance ? Ne serait-ce pas là se fermer la porte à la miséricorde divine ? Parfois, en insistant sur ces points délicats, le magistrat fera revenir le testateur à des sentiments plus chrétiens; quelquefois il est vrai, il ne gagnera rien, nous en avons l'expérience ; mais enfin il aura accompli sa tâche, et la responsabilité morale d'un acte, empreint de haine ou d'animosité, demeurera à son seul auteur. Ces relations de charité toute conciliante entre le Notaire et le testateur, étaient certainement rendues plus faciles autrefois par ce usage religieux d'écrire en tête du testament cette belle et consolante disposition : *je recommande mon âme à Dieu.* Sous l'influence d'une telle recommandation,

---

(1) Nous avons connu une famille où la présomption de sortilège, chez un parent très-rapproché du testateur, l'avait fait impitoyablement exhéréder. Mais cette cause de répulsion n'est jamais avouée par le testateur au Notaire, qui ne peut l'apprendre que par voie indirecte.

le malade faisait des réflexions profondes , salutaires, il reportait ses yeux du . temps vers l'éternité, et la crainte des jugemens du Seigneur lui faisait promptement réformer le jet inconsidéré d'une première idée. Mais hélas ! de nos jours , Dieu a disparu de nos lois comme de notre pensée; notre plume croirait sortir du domaine législatif en abordant quelques formules religieuses ; peut-être croirait-elle autoriser la Religion à faire de son côté irruption sur un terrain dont on a voulu l'exclure à jamais.

Nous assistions un jour à la lecture d'un testament fait par un Notaire du bon vieux temps, notre vénérable père , et jamais nous n'oublierons, tant cette circonstance nous frappa, qu'au moment où l'officier public proclama la recommandation solennelle de l'âme de la testatrice à son créateur , la bonne et sainte fille, qui avait ouï et goûté la consolante formule, éleva ses yeux vers le ciel, et sembla dans cet instant de contemplation, trouver un heureux adoucissement à ses douleurs finales, ou mieux encore, un bonheur tellement infini, qu'il était visiblement dégagé de toute douleur corporelle.

Un soin consciencieux doit certes présider à la confection de tous les actes sans distinction, passés dans une étude de Notaire; mais combien plus cela est vrai lorsqu'il s'agit d'un testament. Dans la vicieuse rédaction de ces actes, les tribunaux admettent des fautes lourdes dont ils rendent les fonctionnaires publics responsables. Toutefois la jurisprudence est loin d'être fixée sur les circonstances qui constituent ces sortes de fautes lourdes et inexcusables (1).

Quoi qu'il en soit, nous adjurons les Notaires d'apporter l'attention la plus soutenue à l'accomplissement des formalités rigoureusement solennelles qui doivent entourer la rédaction des testaments, puisque de leur omission résulte un tort irréparable en soi, et auquel le silence de la tombe ne permettra jamais plus de remédier. Sans doute, ces nullités matérielles des testamens ne sont point toutes sollicitées à grand bruit devant les tribunaux. Le plus souvent, lorsqu'il s'agit surtout de petites successions, importantes toutefois pour les gens peu fortunés qui les devaient recueillir, ces vices de formes sont couverts par un traité. Mais, dans ces cas, qui certes se reproduisent plus d'une fois, s'il y a eu négligence, précipitation de la part du notaire, n'a-t-il point alors de graves reproches à s'adresser; et si, par sa faute, une pauvre famille, à laquelle revenait une succession entière, n'a droit maintenant

---

(1) ARRÊTS CONTROVERSÉS SUR LA MATIÈRE.

Pour la responsabilité des Notaires :		Contre la responsabilité :	
C. Colmar . . .	4 juillet 1809.	C. Cass.	11 frim.re an 7.
C. Bordeaux . .	13 fév. 1811.	C. Nancy. . . .	15 fruct. an 13.
C. Riom	18 juillet 1820.	C. Rouen. . . .	7 juin 1809.
C. Cass.	14 mai 1822.	C. Riom. . . .	10 janv. 1810.
C. Paris.. . . .	25 mai 1826.	C. Douai. . . .	29 mai 1810.
C. Rouen. . . .	24 juillet 1828.	C. Bordeaux. .	13 juin 1812.
C. Grenoble . .	13 juillet 1831.	C. Trèves. . . .	18 sept. 1812.
C. Bordeaux . .	16 juin 1834.	C. Colmar.. . .	11 févr. 1815.
C. Cass.	15 janv. 1835.	C. Riom.	28 juillet 1829.
C. Limoges. . .	26 juillet 1839.	C. Douai. . . .	{12 juillet 1838.
C. Lyon.. . . .	3 janv. 1842.		(et 7 janv. 1839.

et par suite du traité intervenu , qu'à un tiers ou un quart de cette même hérédité , n'est-il point en conscience restituable de la différence (1)? L'honnête homme peut-il dormir en paix quand , à ses côtés, languit et souffre , par sa faute , toute une famille. Voyez : c'est un père, un laborieux artisan, déjà cassé, usé par le travail, une mère jeune encore vieillie par les privations et les angoisses, de petits enfants qui n'ont vu leur printemps s'épanouir qu'au sein des larmes et des plus désolantes afflictions de la famille; un jour heureux allait enfin luire pour tous, et vous l'avez fait tout-à-coup fatalement s'éclipser. Oh! que le Notariat, de même que d'autres emplois plus brillants et plus prestigieux , sont lourds à porter , quand ils procurent l'aisance et le bien-être au détriment d'autrui. Jetez! ah! jetez bien loin ce fardeau, si , au lieu de le soutenir seul, vous le faites presque entièrement peser sur les épaules de vos frères.

Quelquefois, il a pu se rencontrer des Notaires , vivant dans le luxe et l'abondance de tous les biens , qui ont refusé de se rendre la nuit , au travers des pluies et des frimas, dans la chétive cabane du pauvre qui les requérait (2) ; par suite, ce malheureux sera

---

(1) Peccat notarius conficiens testamentum orbati, carentisque judicio, cum obligatione restituendi (Navarre, Cod. 25, n. 54.)

(2) Les Notaires doivent aux pauvres le secours de leur ministère gratuitement , lorsqu'il leur est nécessaire et qu'ils le requièrent *. C'est l'obligation commune à toutes les professions et la loi de charité même **. (*Confér. d'Angers* , tom. VI, p. 72. Edit. Besançon 1830).
* Saint Tom. 2 , 2 , D, 122, art. 4. ** Nav. c. 25 , n. 54.

mort intestat. Il aura été, de la sorte, privé injustement d'un droit précieux qu'il tenait de la nature et de la loi. Ceci est un fait grave, un oubli des devoirs les plus sacrés, et que, dans nos pages essentiellement morales, nous devons nécessairement honnir. Admettre que le Notaire ne rétient les actes de son ministère que dans le but unique d'ajouter quelques nouvelles pièces de monnaie à celles qu'il possède déjà, n'est point un système qui peut nous aller. Laissons dire cela à ceux qui ne voient de but moral nulle part, pour qui tous les devoirs sociaux disparaissent en présence de l'argument corrupteur de l'or et des intérêts sans cesse capitalisés, pour qui le devoir n'est qu'un mot, et la fortune seule une réalité. Pour nous, ayons foi dans l'honneur et la vertu; plaçons haut leur bannière, bien au-dessus des passions qui dégradent et avilissent, bien au-dessus des systèmes du monde qui sont trop relâchés pour une conscience délicate et religieusement austère, et donnons-lui pour sauvegarde assurée, l'autel de la charité chrétienne.

Il ne convient point, dans les campagnes surtout, que les Notaires fassent, à la légère, des dispositions précipuaires, lorsque le testateur laisse des héritiers en ligne directe descendante. Plus les dispositions sont minimes dans leur objet, plus il semble que les haines, contre le légataire, deviennent fortes et persistantes dans la famille. C'est vraiment chose pitoyable!... Aussi, le testateur bien conseillé, choisira-t-il, la plupart du temps, un mode moins ostensible de rémunération en faveur de celui de ses descendants auquel il croira juste d'assigner une plus forte part dans sa succession. Il importe tant à un père d'emporter dans la tombe l'espérance qu'une touchante union régnera parmi ses enfans et la certitude qu'il n'a point contribué directement ou indirectement , à altérer cette union.

Souvent les Notaires insèrent dans les testaments portant usufruit la clause qui dispense les légataires de fournir caution, et de faire dresser inventaire. Ce n'est certainement point une disposition indifférente que celle qui dispense l'usufruitier de donner une caution. C'est parfois un moyen injuste, parce qu'il a été imprévu , de transmettre la propriété au lieu de l'usufruit. Le disposant doit être instruit de l'importance de la disposition, et le Notaire ne peut en conscience, considérer en toute rencontre , cette clause comme une formule banale et presque sans objet, car on s'aperçoit, dans la pratique, qu'elle a parfois une portée immense et tout-à-fait inattendue.

Certains testateurs, dans l'intérêt de leurs âmes ou de celles de parens défunts , pourvoient quelquefois dans leurs actes de dernière volonté à la célébration d'un nombre limité de services religieux, d'autres fois ce sont des *obits* qu'ils tiennent à fonder. Au premier cas, il serait peut-être convenable qu'un exécuteur testamentaire fut élu. Car , en supposant de la négligence chez le légataire, qui aurait intérêt à provoquer dès lors la célébration des messes et à contraindre l'héritier au paiement des honoraires revenant au prêtre célébrant ? Au second cas , bien des difficultés environnent l'autorisation nécessaire pour l'établissement des *obits*. Il semble que dans l'hypothèse où le legs pieux serait inférieur à la somme des biens disponibles du testateur, ou fictivement disponibles en ligne collatérale, l'autorisation devrait être délivrée par le préfet, sur l'avis de l'évêque diocésain. Ceci est une pensée que nous livrons volontiers aux méditations des légistes qui sont animés de dispositions religieuses.

C'est surtout dans les testaments, que les Notaires ne sauraient trop engager leurs clients à consigner ces legs équitables dont l'objet est de réparer un tort, une injustice causés, soit par des prêts usuraires, soit par tout autre moyen illicite et damnable. Ce mode de réparation d'outre-tombe a quelque chose de si moral et de si exemplaire, de si commode d'un autre côté, qu'il n'est susceptible d'opposition que chez l'homme au cœur mauvais, et décidément engagé dans la voie tortueuse de l'iniquité.

Au reste, un Notaire religieux ne bornera jamais sa tâche, particulièrement dans les campagnes, où il est entouré de voisins et d'amis, à régler les affaires du temps et à s'éloigner ensuite sans s'assurer auprès des parens, si le malade s'est préparé à la mort par l'accomplissement des devoirs prescrits par la religion.

Pendant une de ces longues et tristes nuits d'hiver, un Notaire que nous connaissons particulièrement, fut appelé près d'un jeune homme de vingt ans, atteint d'une maladie incurable et luttant déjà avec les dernières angoisses de la mort ; il reçut son testament. Après lui avoir souhaité son rétablissement, après lui avoir insinué que Dieu, infiniment plus puissant que les hommes, pouvait le conduire aux portes du tombeau, et l'en retirer avec la même facilité, le Notaire engagea le malade à faire venir un prêtre, un consolateur sacré, un ami véritable, sincère, alors que tous les amis d'autrefois ont fui, et que seule la religion, dédaignée pendant la vie, se montre tendre mère, les mains remplies de pardons et de faveurs. Mais il n'obtint pour réponse qu'un *non* glacé, qu'un refus basé sur l'éloignement que le moribond éprouvait pour tous les prêtres en général. Le Notaire reprit doucement : mais, mon ami, si vous avez eu à vous plaindre d'un prêtre en particulier, ce n'est certes pas là une raison pour les confondre tous dans une froide et déplorable animosité. Ce n'en peut être une surtout pour repousser leur ministère qui n'a aucun rapport avec les défauts et les travers inséparables de la nature humaine. Ayez un peu de foi, ne voyez point l'homme dans le prêtre, mais bien le ministre de J.-C., celui auquel notre seigneur a confié sur la terre le pouvoir immense de remettre les péchés. Essayez, et je gage que bientôt vous serez satisfait et que vous n'aurez qu'à vous applaudir d'une arrière détermination aussi sage et aussi prudente.

Cette fois, le magistrat chrétien n'obtint point de réponse ; il pressa la main du malade en signe d'adieu, et, saluant les parents et les voisins consternés du jeune infortuné, il se disposait à sortir.

Alors le malade, se relevant un peu, dit de manière à être entendu de tous : Si je savais me trouver mieux ensuite!.... Dans son empressement à se cramponner à la vie qui lui échappait, le malheureux jeune homme était incapable de reporter ses regards sur une vie meilleure; toutes ses facultés se concentraient vers cette frêle existence d'un jour qui se consumait comme une lampe qui va manquer d'huile.

A ces mots le Notaire revint; quelle ne fut point sa joie en entendant le pauvre malade lui dire: Eh bien! M. R...., dites à M. l'abbé de venir me voir, mais qu'il ne tarde pas, car mes forces diminuent rapidement.....

Le prêtre mandé se leva promptement au milieu de la nuit, et la religion eût bientôt conquis aux portes mêmes du tombeau un malheureux qui naguère repoussait ses divines consolations, et ses pardons généreux.

Imitez donc, jeunes Notaires, ceux d'entre vous qui s'efforcent de gagner ainsi quelques âmes à J.-C. Un jour viendra où vous serez vous-mêmes couchés sur un lit de douleur; les illusions et les vanités du monde auront disparu alors, et l'éternité, entr'ouvrant et dilatant devant vous ses immenses abîmes, se montrera prête à vous engloutir. Quelle reconnaissance n'aurez-vous pas pour celui qui viendra vous sourire alors, vous rassurer en vous montrant le ciel; qui vous amènera un prêtre, un ami de Dieu, sous la protection sacrée duquel vous pourrez mourir avec l'espérance d'une éternité de bonheur.

§ 5. — RAPPORTS JOURNALIERS AVEC LES CLIENTS; OBLIGATIONS QUI EN DÉRIVENT.

Comme dans cet écrit nous nous adressons particulièrement aux Notaires de la campagne, qui sont les
plus nombreux, et qui se trouvent en relations journalières d'affaire avec des personnes presque toujours
dépourvues d'éducation, et de ces manières délicates
et recherchées que l'usage du monde procure, nos in-
ductions pourront peut-être quelquefois sembler inadmissibles à l'égard de personnes d'une classe plus
élevée. Mais avec un peu d'attention, il sera facile
d'établir les distinctions de cette sorte, et de ne point
se méprendre sur l'intention de l'auteur.

Reste toujours que les relations d'un Notaire avec
ses clients en général, doivent être empreintes de cette
haute sociabilité qui naît de la pratique des vertus
chrétiennes. Ceux qui nient de semblables propositions ignorent sans doute tout ce que le monde doit à
la mission divine de J.-C. Une partie du genre humain
tenait alors l'autre en esclavage; la corruption la plus
honteuse et la plus dégradante avait comme une immense et hideuse lèpre enveloppé la terre.

« L'évangile, dit M. Marcel de Serres (1), n'a-t-il pas été le signal du plus grand développement moral et intellectuel qui ait régénéré la société ? Avant son apparition, les esprits étaient plongés dans l'ignorance et dans l'erreur. Tout-à-coup transformés sous sa divine influence, ils se sont élancés, avec ce livre divin, vers des régions inconnues de perfectibilité. »

Est-ce que l'éloignement de ces prodiges doit nous les rendre insaisissables puisque leurs effets sont encore présents partout, et nous enveloppent comme d'un admirable réseau ?

Et le Notariat, lui, qui a grandi avec la société chrétienne, qui, tantôt sous l'influence de cette chaleur vivifiante et libre de la charité, comme le démontre si bien l'auteur du brillant et consciencieux rapport à la conférence des Notaires de France (2), développait ses ressources d'ordre et de garanties pour les peuples, et qui, tantôt au sein des discordes civiles, ou sous les mauvais princes, ennemis-nés du catholicisme et de la morale, dépérissait et fermait ses études, oubliera-t-il jamais ce qu'il doit au culte catholique ?.... (3) S'il a été investi de la confiance des papes, si, dans la personne de quelques-uns de ses membres, il a

----

(1) Ouvrage déjà cité.

(2) Ecrit déjà cité.

(3) D'après M. ARTAUD, *Hist. d'Ital.*, p. 79, le Notariat est une institution du Catholicisme. Cette réflexion paraît fort judicieuse si l'on se reporte au temps où le Notariat, dans l'acception rigoureuse du mot, fut créé, pour les affaires religieuses, par les papes, et pour les affaires civiles, par Saint Louis.

assisté aux conciles , si par lui ces imposantes lois de
la conscience et de la civilisation ont été classées et
conservées à l'église, et à la postérité reconnaissante,
pourra-t-il reporter les yeux vers la chaire de Saint-
Pierre , vers ce trône admirable où siège le plus puissant des rois du monde , puisqu'il règne sur les intelligences, sans être saisi d'un saint transport d'enthousiasme et de respect ?... (1) Refusera-t-il, dans
ses relations avec la foule de ses clients , de laisser
tomber, lorsqu'il conviendra, de ces paroles heureusement fécondes, qui font naître dans l'âme le pardon
des injures , le désir de réparer les scandales donnés,
les torts commis ? Enfin n'aimera-t-il pas mieux res-
sembler à un bon père au milieu de sa famille, réglant
entre tous ses enfants , leurs biens et droits patrimo-
niaux, indiquant à chacun les bornes fixes de son héritage , étouffant les dissensions , prêchant à tous la
concorde, la paix et l'harmonie fraternelle, plutôt que
d'être au milieu des populations, comme une machine
purement mécanique , fonctionnant à toute demande
juste ou injuste, et dressant, suivant des formules invariablement arrêtées , des contrats ou des actes, ou,

---

(1) « Eglise romaine , ô cité sainte ! s'écriait l'immortel Féné-
lon , ô chère et commune patrie de tous les chrétiens ! Il n'y a
en Jésus-Christ , ni Grec, ni Scythe , ni Barbare , ni Juif ; tout
fait un seul peuple dans votre sein. Tous sont concitoyens de
Rome et tout catholique est *romain*. Mais d'où vient que tant
d'enfants dénaturés méconnaissent aujourd'hui leur mère , s'é-
lèvent contre elle , et la regardent comme une marâtre ? d'où
vient que son autorité leur donne tant de vains ombrages ?... »
Cela vient certainement de la corruption de leurs voies.

plus à tort encore, semant parmi le peuple des fermens
de discorde , renvoyant continuellement de son étude
à la barre des tribunaux des clients exaspérés et
prêts , sous l'influence d'une voix excitante, à s'entre
déchirer comme des bêtes inintelligentes?.... Certes
il n'y a point à hésiter entre l'un ou l'autre de ces
deux rôles !...

Une des plus précieuses prérogatives du Notariat
est sans doute celle qui le rend dépositaire des secrets
de famille souvent les plus intimes. Le cabinet du
Notaire a donc toujours dû être considéré comme un
sanctuaire impénétrable aux investigations des tiers ,
et si la jurisprudence a , dans ces derniers temps ,
décidé le contraire pour les circonstances seules ou la
vindicte publique est en cause (1), et où la révélation
d'un secret est demandé par une partie présente et
intéressée à l'entretien confidentiel (2) , elle a for-
mellement refusé le témoignage demandé au Notaire
par un tiers étranger à l'entretien intime du cabinet (3).
Hors les cas de révélation que la loi exige lorsqu'ils
intéressent le salut public , aucune autorité, dit le jugement du tribunal civil de Moulins (4), *ne peut affran-
chir les Notaires de la nécessité du secret.* La cour de
Montpellier (5), le tribunal civil de Rochechouart (6)

---

(1) C. Cass. 23 juillet 1830.
(2) C. roy. Bourges, 30 nov. 1830. — Trib. civ. Besançon , 2
août 1835.
(3) C. roy. Bordeaux , 16 juin 1835.
(4) 9 mai 1828.
(5) Arr. du 24 septembre 1827.
(6) Jug. du 2 juin 1828.

et celui de la Seine (1) se sont prononcés dans le même sens. Voici ce qu'établit un des considérans du jugement du tribunal de la Seine : « Attendu qu'un Notaire, cité en témoignage en matière civile, ne saurait être tenu à révéler les secrets dont il est dépositaire uniquement en sa qualité, et à déposer des faits qui se sont passés dans son cabinet ou dans son étude à l'occasion des actes qu'il a mission de recevoir ; qu'en conséquence c'est à tort qu'application a été faite au demandeur des pénalités portées en l'article 263 du code de procédure civile, lorsqu'il comparaissait sur la citation, mais déclarait ne pouvoir déposer dans les circonstances où il était appelé. »

Cette jurisprudence, protectrice d'un magnifique privilège notarial, s'est presque toujours appuyé sur l'article 378 du code pénal ; il aurait semblé désirable que la jurisprudence contemporaine, remontant plus haut, invoquât et l'article 177 de l'ordonnance de 1539, relatif au secret des affaires traitées dans les études, et l'opinion des auteurs (2) déduite des arrêts du parlement de Paris (3).

Peut-être, cet imposant cortège d'autorités aurait-il empêché l'arrêt précité de la Cour de cassation d'avancer dans un de ses considérans, que l'*opinion*,

---

(1) 20 août 1845, 1re ch.

(2) DOMAT, *D. publ.*, liv. 2, tit. 5. —LANGLOIS, *Droits des Not.*, ch. VII.—FERRIÈRE, *Parf. Not.*, tome 1er, chap. XVIII.— *Dictionn. de droit*, verb. not. — *Dictionn. du Not.*, verb. secret.

(3) 21 octobre 1609, 7 mars 1644, 8 janvier 1647 et 20 août 1650.

admise par *quelques auteurs* , que les Notaires ne devaient point être interrogés , ni entendus dans les enquêtes, sur ce qui aurait été dit par les parties, pour s'accorder sur les conditions des actes , *ne paraissait fortifiée par aucun monument de jurisprudence.*

Pour nous au contraire, appuyés sur une jurisprudence constante de plus de deux siècles de durée , sur les réflexions morales d'auteurs· recommandables , nous demeurons intimement persuadés que le Notaire , au sein de sa juridiction volontaire et pacifique, devenu le dépositaire des secrets les plus cachés et souvent les plus précieux des familles , est en conscience tenu à ne les point révéler ; sa culpabilité serait d'une énormité grave et difficile à caractériser, si , dans la conversation ordinaire , par légèreté ou pour tout autre motif , il dévoilait quelqu'une de ces intimes confidences du cabinet ; la morale publique en serait vivement outragée. Mais heureusement ces faits de révélation indiscrète et coupable sont assez rares. Le jeune Notariat semble se pénétrer , à cet égard , des habitudes de haute convenance et de discrétion invariable de l'ancien, si jaloux de justifier en toute rencontre , ses prérogatives et ses précieuses immunités.

Deux distinctions , comme nous l'avons déjà fait entrevoir, ont été nouvellement admises en jurisprudence. La *vindicte publique* d'abord réclame impérieusement le sacrifice du secret confié au Notaire. D'autre part, la demande de révélation par la partie intéressée, et présente à l'entretien confidentiel.

Nous regrettons vivement que ces distinctions, dont la première semble toutefois étayée sur des motifs bien graves et bien imposans, viennent scinder une haute et belle immunité des fonctions notariales respectées jusqu'ici par la marche des siècles.

Pour prévenir l'usage de cette première distinction, le Notaire pourrait opposer parfois à la partie, le refus de devenir confident de secrets dont la gravité entraînerait l'application des lois pénales ; ou, dès lors que la partie insisterait pour lui faire cette confidence, l'avertir de l'état peu rassurant de la jurisprudence à son égard. Ainsi les plus fâcheux inconvénients, résultant ordinairement de cette première hypothèse, disparaîtraient en grande partie ou seraient notablement atténués. La seconde distinction ne nous paraît pas aussi solidement appuyée. En effet, de ce que la loi de l'an XI, art. 23, ne défend point de donner connaissance des actes aux personnes intéressées en nom direct, à leurs héritiers ou ayant droit, s'en suit-il nécessairement qu'il ne soit point interdit de divulguer, à toute requête de ces *parties intéressées ou ayant droit*, les confidences secrètes et les entretiens préliminaires qui ont précédé la conclusion de ces actes ? Mille inconvénients surgissent de cette doctrine ainsi généralisée et appliquée trop largement. En effet, tels aveux ont eu lieu jadis devant une personne qui contractait avec moi, mais que, pour tout au monde, je ne voudrais plus répéter et reproduire devant sés héritiers. Les circonstances, les personnes, l'état du magistrat, tout est désormais changé, placé sous d'autres influences. Plus de rapports et d'analogies possibles, partant, plus de possibilité pour les mêmes confidences ou leur révélation. Il est surprenant que ces considérations morales, qui semblent décisives, aient échappé à la perspicacité des auteurs du Dic-tionnaire du Notariat (1), de même qu'à la Cour royale de Bordeaux et au tribunal civil de Besançon.

____

(1) Supplément à la 3e édit. du Dictionn., verb. secret.

CHAPITRE III.

—

Protection paternelle et consciencieuse que doit un Notaire à certains clients.

§ 1er. — DE LA TUTELLE.

La loi reconnaît quatre sortes de tutelle, et parmi elles se trouve celle déférée par le père ou la mère survivante. Près de descendre dans la tombe, un bon père jette un dernier regard d'affection sur sa jeune famille, et la pensée consolante qu'une main amie et charitable pourra continuer auprès de ses enfants, les soins que réclame encore leur jeunesse, inspire à ce père la pensée de leur choisir un tuteur. La loi prête sagement à ce choix paternel l'autorité de sa sanction. Telle est la tutelle déférée *proprio jure* par le père, ou à son défaut par la mère survivante. Heureux effet de la puissance paternelle qui va, comme le dernier rayon du soleil, après un jour de tempête, se projeter sur de jeunes plantes, et les ranimer par sa bienfaisante chaleur.

Le Notaire pourra-t-il, dans cette circonstance, ne pas mêler aux réflexions touchantes et sacrées de cette jeune mère qui s'éteint, ses réflexions et ses conseils, afin de l'éclairer dans le choix délicat qu'elle va faire ? Refusera-t-il d'indiquer les motifs qui, d'après lui, excluent de cet emploi, telle ou telle personne à l'âme cupide ou insensible ? Ne devra-t-il pas au contraire seconder de toute la puissance de sa charité, cet amour maternel qui s'élance du lit de mort, pour couvrir d'une égide protectrice les tendres objets de sa sollicitude ? Oh ! que cet entretien suprême, que cette communication intime de l'amour et de la charité, ayant pour objet de petits orphelins que le ciel confie à la société chrétienne sur le bord même d'un tombeau, a quelque chose de sublime et de touchant !... Au cœur seul il est donné de le bien comprendre et de l'apprécier. Et puis quand l'homme de loi se retire dans sa maison, rempli de ces scènes d'émotion, content d'avoir fait pencher la balance paternelle en faveur de l'homme bon, religieux, sensible, auquel la tutelle vient d'être conférée, il peut se dire : Mon Dieu ! votre justice impénétrable dans ses décrets, vient sans doute de frapper un grand coup, mais vous avez permis que l'homme fût à même d'en amoindrir les désastreux effets, soyez-en donc béni !...

Dans le cas de la tutelle *dative*, le Notaire des parties sera fréquemment consulté, surtout à cause de l'inventaire auquel il sera ultérieurement procédé par son ministère. Il sera de son devoir d'appeler les votes sur l'homme probe et consciencieux puisque la tutelle n'est qu'une fiction de la paternité, image pâle et décolorée sans doute de cette touchante autorité pater-

nelle qui agit bien plus par l'ascendant de l'amour
sur de jeunes intelligences, que par l'impression de la
crainte ou du raisonnement : mais, hélas! les œuvres
les plus admirables de l'homme sont si imparfaites
comparées à celles du créateur !

Terminons ce paragraphe par le trait suivant. —
C'était par une belle matinée du printemps, la voiture
de Nantes à Bordeaux roulait à peu de distance de
Rochefort. Nous nous fîmes mettre à terre non loin
de cette dernière ville dans le but de visiter l'église
d'Echillais. Indépendamment de ce beau morceau d'ar-
chitecture romane, nous y connûmes une histoire
intéressante et qui honore un membre du Notariat,
nous cédons au plaisir de la redire.

Debout devant le portail de l'édifice, nous prenions
des notes et comparions un dessin au modèle, lorsque
vint à passer une jeune femme tenant un petit enfant
par la main ; nous la saluâmes en la priant de nous
fournir quelques renseignemens dont nous avions
besoin. Monsieur, nous dit-elle, dans le cours de la
conversation, ce portail a été naguère dessiné par
une jeune demoiselle de la ville de S....

— Que vous nommez ?..

— J'ai oublié son nom, mais le souvenir de ses
malheurs ainsi que de ses deux jeunes sœurs et la protection paternelle qu'elles ont trouvée chez un Notaire
honorable et sensible de la contrée, ne s'effacera point
de mon souvenir.

— O dites nous, je vous prie, cette histoire touchante !

— Volontiers , Monsieur.

Deux tombes enveloppées d'herbe et placées l'une vis-à-vis de l'autre, nous servirent de sièges, et tandis que l'enfant jouait avec la blanche paquerette et la brillante renoncule des prés, la jeune femme commença son récit :

« M. de..... occupait une place distinguée dans la magistrature; il épousa, bien que catholique, une demoiselle protestante de la ville de M.... De cette union naquirent trois demoiselles, trois anges dit-on de douceur et de sensibilité qui furent baptisées à l'église.

» Au bout de quelques années, M. de..., après avoir eu toutefois la consolation de voir sa jeune épouse convertie , mourut consumé par une lente et inexorable maladie de poitrine.

» Un ou deux ans plus tard, cette mère , heureuse de ses filles, malheureuse au sujet de la perte immense, irréparable , qu'elle venait de faire , tantôt penchée sur une tombe , et tantôt sur un berceau , sentit sa trop frêle existence se briser.....

» A son lit de mort , confiant à un Notaire, homme grave , magistrat intègre et vénéré dans le pays , ses dispositions dernières , tout-à coup elle lui saisit la main , et dans un mouvement convulsif, celui qui annonce le passage du temps à l'éternité, elle lui dit : Monsieur ! j'ai une grâce à vous demander ; au nom de Dieu , daignez l'accorder à une pauvre mère mourante !....

— Je vous le promets , répliqua aussitôt le Notaire attendri , parlez.....

— Dans un instant je n'existerai plus ; je laisserai sur la terre trois orphelines que je confie aux soins tendres et généreux d'une autre mère, de leur tante, sur l'affection de laquelle je puis me reposer entièrement. Mais, hélas! quel appui, quel soutien trouveront, dans un monde égoïste, des femmes sans expérience des affaires?... Qui surveillera l'administration de leurs biens et repoussera, au besoin, les attaques de l'ambition et de l'injustice dirigées contre elles? Consentez-vous, Monsieur, à devenir le tuteur de trois orphelines ?...

» Le *oui* consolant fut accordé aussitôt à la pauvre mère, et peu après elle n'appartenait plus à la terre.

» Ces trois jeunes personnes ont grandi sous les yeux de leur tante, protégées par leur tuteur, heureux l'un et l'autre de représenter sur la terre d'infortunés parens, ravis trop tôt à l'affection de leur jeune famille.

» Il y a quelques années, ce Notaire unissait sa dernière fille à un jeune médecin de la contrée. Les convives entouraient nombreux une table brillante, qui venait de se charger d'un riche dessert. Les trois jeunes orphelines, vêtues de blanc, s'avancèrent et vinrent offrir à leur tuteur un bouquet accompagné de couplets, qu'elles récitèrent en son honneur. L'assemblée applaudit.

» Puis le Notaire, se levant attendri : Messieurs, dit-il, vous aviez cru peut-être assister aujourd'hui au mariage de ma dernière fille; eh bien! il n'en est point ainsi. Trois autres me restent encore et les cir-

7

constances de leur adoption me. les rendent infiniment chères....

» La voix de l'excellent homme était profondément altérée, et les larmes qu'il répandait, bien douces sans doute, puisqu'elles étaient le fruit d'une action si noble, l'empêchèrent d'en dire davantage. L'assemblée entière partageait son émotion, et cette circonstance, vraiment touchante, ne contribua pas peu à l'embellissement d'une intéressante fête de famille (1).»

(1) Pourquoi faut-il que depuis, le malheur soit venu s'asseoir au seuil de ces jeunes époux ?

§ 2. — DU PARTAGE.

L'esprit du monde n'est point l'esprit de Dieu. Aussi préférant les biens du temps à ceux de l'éternité, la plupart des hommes sacrifient tout pour se procurer des richesses. Misérable intérêt! que de divisions ne causes-tu pas journellement dans les familles?... Un bon père, une tendre mère s'éteignent; après les quelques jours donnés à la douleur et aux larmes, la question du partage de la succession est aussitôt agitée entre leurs enfans. Celui-ci se prétend lésé dans la part qui lui est faite. Celui-là se plaint de la convenance de position qui ne lui est pas accordée comme à sa sœur: Cet autre, parce qu'il a été bon fils, et que sa main pieuse a soutenu constamment les pas affaiblis d'un bon père, a consolé sa vieillesse, a appaisé par fois les impatiences que l'âge et les infirmités causaient à ses vieux parens, aura été l'objet de leur libérale re-connaissance; c'est un titre plus que suffisant à la haine de ses co-héritiers. Et ne croyez pas que ce sen-timent maudit, que cette animosité cessera bientôt, que le coucher du soleil sera le signal assuré de la réconciliation vraie, sincère entre tous les enfans d'un même père et d'une même mère. Oh! non, l'intérêt passe d'ordinaire avant l'amitié : l'ignoble soif de l'or est mise bien au-dessus du céleste besoin de s'entre-aimer, de confondre dans un même centre d'affection, des cœurs qui ont une origine commune; et malheureusement cette déviation du droit sentier, se remarque presque aussi fréquemment dans les familles probes et honorables, que dans celles qui ne jouissent point de cette réputation.

A notre avis c'est un grand pas de fait vers la concorde et l'harmonie des familles, que le partage anticipé des biens des pères et mères. Cela est assez généralement senti dans les campagnes. Mais, à cet égard, il est un inconvénient grave, immense dans ses résultats d'ordinaire très-fâcheux. Dès qu'un vieillard a ainsi partagé ses biens entre ses enfans, il a dès-lors beaucoup de peine à toucher annuellement la modique pension que son affection a imposée à ses fils. Comme si au gré de ces misérables enfans, leur vieux père prolongeait trop son existence, ils le privent d'une partie des avantages réservés dans la donation. Par cette conduite infâme, ils abreuvent d'ennuis et d'amertumes, le cœur généreux qui, par anticipation, s'est dépouillé si volontiers du fruit de pénibles et longs travaux. Semblables à de vils reptiles, ils piquent impitoyablement le sein qui les a si généreusement réchauffés et nourris.

Aussi qu'adviendra-t-il, et nous l'avons répété cent fois à ces misérables dans le cours de notre exercice, la loi du talion leur sera justement appliquée par la Providence. Leurs fils un jour leur rendront ce qu'ils auront, avec tant de barbarie, prêté à leurs vieux parens, s'ils ne surpassent même leurs devanciers en cruauté. O justice de Dieu! tu es lente sans doute à punir, car tu as l'éternité devant toi, mais pourtant que de fois ne t'a-t-on pas vu, après maints et maints détours, qui semblaient donner au coupable le temps de la réflexion et du repentir, venir fondre sur lui, l'étreindre et le châtier horriblement!

Dans ces cas de discorde et d'injustice flagrante, le Notaire ne doit point faiblir; qu'il se montre sévère, qu'il blâme ouvertement une conduite indigne et criminelle.

Nous ne saurions terminer ce paragraphe, sans exprimer le regret que la forme du partage testamentaire ne puisse être plus souvent employée dans la pratique. Ce mode ne dépouillant point actuellement le disposant, lui donne un temps d'épreuve, le met à même de juger s'il a dû ou non, distribuer ses biens entre ses enfans; il lui permet, suivant les circonstances, de modifier ou d'anéantir ses dispositions d'outre-tombe, tandis que la donation une fois consentie, est de sa nature irrévocable. Il semble que le législateur aurait dû, en faveur des partages testamentaires faits par les père et mère ou aïeux, simplifier ce cortège de formalités qui entoure les testamens ordinaires (1). Est-il possible, en effet, de dé-

---

(1) L'ancien droit s'était montré plus favorable à l'autorité paternelle. A l'exception de la Bretagne, les *démissions de biens*, dans tout le royaume, étaient essentiellement révocables et per-

cider, autrement qu'en leur donnant un salaire, quatre témoins instrumentaires à assister, pendant toute une journée, et quelquefois plus, à la confection d'un partage? Mais un salaire à des témoins, infirme, d'un autre côté, la garantie légale qu'on cherchait en eux. Comment ne point se servir de notes écrites dans cette longue opération, au lieu de s'en tenir à la simple et indispensable dictée du testateur? Comment opérer un tel partage au moyen de deux actes distincts, lorsque la plupart des immeubles sont communs entre deux époux, ou doivent l'être à la mort? A qui sera dévolu le droit de partager les biens de communauté? Sera-ce au mari, sera-ce à la femme? Ou chacun prendra-t-il sa part de ces biens pour les réunir ensuite à ses propriétés patrimoniales? Mais, dans ce cas, qui déterminera la part de chacun? où la prendre? L'époux aura-t-il la partie sud d'une maison, et l'épouse la partie nord? Sur quel article de loi s'appuieront-ils pour liquider ainsi d'avance, une communauté qui n'est point dissoute? Toutes difficultés graves, à peu près insolubles, et qui font que la plupart des Notaires se refusent à recèvoir des testaments portant partage. Si, pour le cas seul des dispositions au-

---

mettaient ainsi aux pères et mères de disposer sans danger de leurs biens en faveur de leurs enfants. La maxime *do ut des* qui était applicable à ces actes, indiquait que les conditions apposées étaient de rigueur, et pour le cas d'inexécution, offrait en perspective, la révocation de la libéralité.

Parf. Not. de FERRIÈRE, édit., revue par de VISMES, 1771, 1er vol., liv. VII, chap. XIII.

torisées par les articles 1075 et 1076 du Code civil,
le législateur eut permis aux pères et mères de liquider par un acte, révocable pourtant comme les dispositions testamentaires elles-mêmes, la société conjugale, si ensuite la présence des témoins n'eût été
requise, pour la circonstance qui nous occupe, comme
pour les donations entre-vifs, qu'au moment seul de
la lecture et de la signature de l'acte (1), les principales difficultés d'exécution eussent disparu, et de
grands échecs à la morale eussent ainsi été prévenus.
L'autorité paternelle, dans les campagnes principalement, eut reconquis bientôt cette place éminente
qu'elle doit avoir dans la société, surtout dans la société chrétienne; mais que les fréquents partages par
donation lui font réellement et généralement perdre
de nos jours.

(1) Voir l'art. 2 de la loi du 21 juin 1843, dont le texte se
trouve à l'Appendice.

§ 3. — DES DONATIONS ET TESTAMENTS ENTRE ÉPOUX.

Dans ces derniers temps, où l'autorité paternelle et la piété filiale se sont si étrangement relâchées, il importe que les époux disposent l'un en faveur de l'autre, avec une grande latitude. Le Notaire, en conseillant aux époux d'épuiser, à leur égard, la somme de libéralités permises par la loi, doit penser que ce n'est point ordinairement l'affection paternelle qui est en défaut, mais bien le sentiment d'amour filial qui devient de jour en jour plus rare, et en raison évidente de l'oubli ou du mépris presque général des enseignemens salutaires du christianisme.

Ces mœurs patriarchales qu'on allait jadis chercher sous le chaume, loin des habitudes dissolues des grands centres de populations, ne s'y rencontrent plus que bien rarement. L'exemple funeste de la bourgeoisie, qui, pour l'incrédulité et le bel esprit, a remplacé la noblesse de la fin du XVIIIe siècle; les mauvais livres qui, de nos jours, ont été répandus en si grand nombre dans les campagnes, ont achevé l'œuvre de destruction morale si bien commencée par notre terrible révolution.

Si le frein puissant de la religion est en grande partie détruit, le père ou la mère de famille survivante, aura donc besoin d'opposer à ses enfants une autre barrière : l'intérêt; mobile trop puissant de notre époque, et dont il est possible quelquefois de tirer parti dans l'intérêt des mœurs.

Indépendamment de l'affection qui, d'ordinaire, détermine chez les époux, ces donations réciproques d'usufruit, l'importance de nos considérations en commande l'urgente réalisation, et, par là, un degré de force et d'énergie serait assuré en plus à l'autorité paternelle. Autant dans l'intérêt des familles, que des sociétés qu'elles composent, les Notaires doivent plaider éloquemment cette cause auprès des époux.

Ce n'est point cependant que nous conseillions l'usage fréquent des donations réciproques dans les contrats de mariage. L'expérience nous a fait plus d'une fois reconnaître les inconvénients de cette méthode, hâtée et passablement aventureuse. L'irrévocabilité de ces sortes de dispositions à la veille d'une union qu'entourent, il est vrai, les plus brillantes illusions, mais dont les phases ultérieures si variées et si changeantes, sont loin d'être toutes prévues, offre un caractère trop permanent. J'ai ouï dire, par quelques-uns, qu'en ces sortes de rémunérations anticipées de témoignages d'affections, la femme était celle qui jouait le plus gros jeu. Cela peut être vrai dans les campagnes. Dans les villes, la chance s'équilibre, ou à peu près. En tous lieux, c'est une obligation de conscience pour les Notaires, de faire bien

comprendre aux jeunes gens qui s'établissent, les inconvénients de ces sortes de donations; ils doivent
nécessairement, en présence des mille passions qui
agitent le monde, et qui changent d'un jour à l'autre,
les goûts, les affections et les procédés, mettre les
contractans à même de juger s'il est prudent d'adop-
ter si vite un mode de disposer, invariable dans sa
forme, et dont l'immutabilité peut venir plus tard
ajouter à tant de maux, l'impossibilité d'y remédier
jamais.

§ 4. — DE LA VENTE.

Il est un mode de convention qui, par la facilité offerte au créancier avide et peu délicat, de s'emparer presque sans frais et sans débat, du gage de sa créance, doit faire tenir le Notaire probe en garde contre son emploi. Je veux parler de la vente sous condition de réméré.

Je sais que parfois un vendeur, aliénant sérieusement une propriété, et pour son prix réel, sollicite de l'acquéreur le droit de racheter cet immeuble dans un temps déterminé. Pour ce cas, la clause de réméré semble toute naturelle, et doit être admise favorablement. D'après l'auteur du *Code civil dans ses rapports avec la théologie morale* (1), pour que cet acte soit licite au for intérieur, il faut : 1° que les parties aient une véritable intention de vendre et d'acheter ; 2° que l'acquéreur n'ait pas la liberté de se désister de l'achat ; 3° et que la vente soit à un juste prix, c'est-à-dire proportionnée à la valeur de l'héritage. En interrogeant les parties, le Notaire ne tardera point à connaî-

____

(1) Un vol. in-18, Paris, BELIN-MANDAR et DEVAUX, 1828.

tre si les conditions exigées au for intérieur, pour la validité du contrat de réméré, ont été observées; dans ce cas il retiendra l'acte, dans le cas contraire, il fera entrevoir à ses cliens que leur convention n'a point les caractères de la vente, mais constitue seulement à ses yeux, un prêt à intérêt qu'il consignera, soit dans une obligation avec hypothèque, soit dans un billet simple ou à ordre sans hypothèque.

Il est encore une autre sorte de vente que l'on rencontre parfois dans la pratique et qui, suggérée par la plus grande détresse à de malheureux clients, doit être irrémissiblement proscrite par un Notaire consciencieux. J'entends une vente d'immeuble simulée, consentie, moyennant un prix supérieur à la somme réellement fournie au vendeur, à la condition toutefois, mais soigneusement tenue cachée, qu'au bout d'un certain temps, ce même immeuble sera restitué par l'acquéreur au vendeur, à titre de rente perpétuelle. Ces deux contrats successifs au droit énorme de cinq et demi pour cent d'enregistrement, les autres frais qui en sont la suite, l'énormité de la rente relativement au capital déboursé (1), tout cela constitue une monstruosité, une opération inique dont un Notaire sage ne doit jamais s'occuper.

De nos jours où, pour arriver à la fortune, tous les moyens semblent légitimes à plusieurs, il s'est formé des compagnies qui achètent des immeubles en gros, et les revendent en détail. Si ces compagnies se bor-

---

(1) Souvent créée au denier dix.

naient seulement à fractionner la propriété foncière, à briser et démolir les anciennes maisons et les manoirs du moyen-âge , et à faire ensuite argent des lambeaux dépecés de ces vieux témoins de nos gloires et de nos infortunes nationales, cette conduite justifierait seulement leur titre d'agents de la *bande noire*. Les arts et l'histoire auraient seuls, dans ce cas, à gémir sur ces outrages, auxquels la morale resterait à-peu-près étrangère (1). Mais parfois, quelques agents de ces compagnies, spéculant sur la gêne des propriétaires, s'empressent d'acquitter leurs dettes, et se font subroger aux droits des créanciers. Forts d'une première hypothèque, ils provoquent ensuite, à échéance, la vente des biens ainsi grévés, et s'en rendent adjudicataires à des prix inférieurs à la valeur réelle. Du morcellement il résulte plus tard des échanges avec soultes, crédits avec intérêts excessifs, pots-de-vin, remises au Notaire; tous tripotages qu'un magistrat consciencieux doit désirer voir traiter dans une étude autre que la sienne.

Disons un mot de la vente entre époux : l'art. 1595,

---

(1) A la suite de nos bouleversements révolutionnaires, que de profanations du lieu saint ne sont point venues affliger les âmes chrétiennes? On a vu souvent donner à vil prix des églises, des chapelles admirables sous le rapport de l'art, précieuses et sacrées sous celui de leur destination et de leur consécration primitive ; et leurs impies possesseurs ont osé démolir ces édifices pieux, ou les faire servir de halles, de magasins de bois, de fourrages , etc. Presque toujours ces profanations exécrables ont attiré sur leurs auteurs, les malédictions du ciel, et si nous ne craignions de sortir ici de notre sujet, nous pourrions en citer plus d'un exemple terrible accompli sous nos yeux mêmes.

n° 2, du Code civil, permet au mari de consentir vente en faveur de sa femme non séparée, pourvu toutefois que cette cession ait une cause légitime, telle que le remploi des immeubles aliénés de celle-ci, ou de deniers à elle appartenant, et si ces immeubles ou deniers ne tombent point en communauté. La mauvaise foi, s'emparant de cette disposition sagement tutélaire de la loi, en fait souvent une arme terrible contre des créanciers de bonne foi et frappés à l'improviste. Hier, ils avaient affaire à un homme qui possédait certaines valeurs mobilières et immobilières, aujourd'hui ils apprennent, surpris et déconcertés, que par une simple et brusque formalité notariée, toutes ces valeurs sont passées sur la tête de l'épouse de ce débiteur indélicat. Quand ces biens sont ainsi donnés en remploi, au-dessous de leur valeur réelle, les actes qui consacrent ces faits, soit que les embarras d'un débat judiciaire, soit que tout autre motif arrête les créanciers, reçoivent, la plupart du temps, leur exécution, quoi qu'ils portent le cachet évident de la fraude et de l'injustice. Un fonctionnaire public doit toujours se tenir en garde contre de telles manœuvres et ne se prêter qu'après un mûr examen et une sévère investigation, aux ventes entre époux.

Bien que la rescission de la vente pour cause de lésion ne puisse avoir lieu aux termes de la loi (art. 1674 du Code civil), que lorsque le vendeur a été lésé de plus de 7/12es dans la valeur de l'immeuble aliéné, au for intérieur cette cause de lésion peut exister, lors même que la quotité ci-dessus n'est pas

atteinte , et , dans aucun cas, le Notaire ne doit sanc
tionner la consommation d'un acte , où l'acquéreur
profite de la gêne et de l'embarras d'un vendeur, pour
lui ravir son héritage à vil prix.

Dans le but de sauver les frais d'une quittance ultérieure, un acquéreur proposera de fournir à son
vendeur illétré, un billet ou promesse de prix de
vente, à condition que l'acte de mutations portera
quittance de ce prix. Rarement un Notaire éclairé
conseillera l'usage d'une telle méthode. Sacrifier en
effet un privilège, et un précieux droit de résolution,
pour une simple créance chirographaire , ne semble
point une œuvre placée dans les conditions de prudence convenable. Si le vendeur lui-même désire convertir sa créance en effets à ordre pour sa plus grande
commodité, du moins il convient que le Notaire-ré-
dacteur fasse mention, dans le contrat de vente, de ce
mode de paiement. Quel fâcheux incident si, par l'o-
mission d'une aussi simple formalité, un vendeur se
voyait ravir tout-à-coup, par un créancier inconnu, le
gage immobilier de sa créance, et s'annihiler dans ses
mains, des effets incapables de conférer par eux-mêmes un privilège, et dont le souscripteur venant à être
ensuite exproprié , serait incapable d'acquitter le
montant.

Il n'est point de genres de sacrifices que l'amour
paternel ne s'impose. Très souvent un père ou une
mère vend une portion de ses biens, dont le prix est
touché par un ou deux de ses enfants dans le besoin.
Il convient, en ce cas, de faire opérer la vente de ma-

nière à ce qu'il ressorte clairement, que le prix en a
été touché par le fils. Ainsi sont rendues plus obligatoires et tout-à-fait inévitables, les hautes dispositions
morales de la loi énoncées dans les articles 205 et
843 du Code civil. Ce qui n'aurait pas lieu si l'argent
était livré de la main à la main, et en-dehors de l'acte.

Les donations déguisées sous formes de ventes,
surtout en ligne directe, doivent être soigneusement
évitées ; jamais un Notaire prudent n'en conseillera
l'usage. Il y a conscience à se mettre audacieusement
au-dessus des sages et paternelles prescriptions de la
loi, et à créer, d'ailleurs, ainsi des sources ruineuses
de conflits judiciaires.

Pour sauvegarder les intérêts des mineurs, une délibération des Notaires de Paris, du 10 octobre 1822,
fait défense aux Notaires du ressort , de recevoir des
actes de vente de gré-à-gré , ou par adjudication de
biens appartenant à des mineurs, et sans l'observation
des formalités judiciaires. Une décision de M. le Garde-
des-sceaux, du 21 novembre 1826 , consacre la même
prohibition, et l'intime à tous les Notaires du royaume.

La morale doit donner sa sanction puissante à cette
mesure qui , dans certains cas particuliers surtout ,
obvie à une situation compromettante pour les intérêts
des parties contractantes.

§ 5. — DU PRÊT A INTÉRÊT.

Dans son article 1905, le Code civil avait permis le prêt à intérêt. L'article 1907, tout en distinguant l'intérêt légal de l'intérêt conventionnel, n'avait pourtant déterminé la quotité ni de l'un ni de l'autre. L'élévation démesurée de l'intérêt conventionnel, menaça de porter atteinte au crédit public, et la loi de 1807 parut. Son article 1.{er} dit que l'intérêt conventionnel, en matière civile, ne pourra excéder cinq pour cent, et en matière commerciale, six pour cent(1). Les articles 3 et 4, définissent l'usure et établissent les peines qu'elle aura encourues.

Ces dispositions légales n'avaient, en général, été considérées par les personnes religieuses, que comme régulatrices du for extérieur, mais tout-à-fait étrangères au for intérieur. Le *mutuum date nil indè sperantes* de la charité chrétienne, était trop formel pour que des consciences timorées s'accommodassent aisément du dispositif des lois humaines, qui règlent les choses de la terre.

---

(1) Le taux de l'intérêt légal en Algérie, soit en matière civile, soit en matière commerciale, est de dix pour cent. (Ordon. roy. du 7 décembre 1835.)

Les dangers de toute sorte qui environnent le prêt dans un pays nouvellement conquis et gouverné militairement, expliquent du reste l'élévation de ce taux.

De nos jours cependant, l'industrie, agitant ses mille bras, avait fait de l'argent un levier tellement puissant et productif, que plusieurs s'habituèrent à voir dans le prêt un moyen licite de se procurer des revenus. D'un autre côté, les dispositions de la loi ayant continuellement tendu, depuis un demi-siècle, à fractionner la propriété foncière (1) et à la mettre par là-même dans le commerce, on s'habitua volontiers à confondre tous les genres de capitaux et à leur attribuer un mode uniforme de revenus intrinsèques. Dans cet immense et général entraînement des peuples, la loi religieuse contre l'usure fut fréquemment méconnue, et à tel point que, de nos jours, on ne considère généralement comme usure que l'excédant de l'intérêt légal, autorisé par la loi de 1807. Alors, et dans l'état de trouble où ce grand et universel mouvement avait jeté une foule de consciences, intervint une décision de Rome, portant que les directeurs ne devaient point inquiéter les personnes qui prêtaient au taux légal, pourvu cependant que ces personnes fussent de bonne foi, et qu'elles eussent l'intention de se soumettre à ce qui pourrait être statué ultérieurement. Cette dernière condition ne présente point, toutefois, un caractère de rétroactivité relativement aux intérêts acquis et perçus.

---

(1) L'art. 2 de la loi du 16 juin 1824, disposant que les échanges d'immeubles ruraux ne paieraient pour l'enregistrement et la transcription qu'un droit fixe d'un franc, dans le cas de contiguïté d'un des objets échangés à la propriété particulière de l'un des échangistes, était évidemment opposé à cet esprit de division; il a été abrogé par l'article 16 de la loi du 24 mai 1854.

Dans ce nouvel état de choses, il n'est point de motif qui empêche un Notaire consciencieux de conseiller le prêt à intérêt, pourvu que le taux n'excède aucunement celui qui est déterminé par la loi, et d'indiquer à ceux de ses cliens disposés à prêter des fonds, les maisons où il convient de les placer pour être assuré du remboursement ultérieur. Mais, hélas! que de nos jours, et dans les campagnes surtout, ils sont rares ceux qui se soumettent, pour le prêt, aux prescriptions sages et tutélaires de la loi de 1807! Le cri de la conscience est à présent si peu écouté, que si le prêteur est parvenu à fondre avec le capital, des intérêts vraiment énormes et usuraires, il croit avoir tout sauvé. Malheureux! et cette justice divine, dont celle de la terre n'est qu'une ombre bien affaiblie, ne saura-t-elle pas démêler vos coupables confusions de chiffres, et en tirer, pour votre honte et votre condamnation, la preuve évidente que vous avez, pour quelques viles pièces de monnaie, indignement accablé votre frère! Il n'est pas rare, en effet, d'entendre dire à un paysan, lorsque son compte usuraire est débrouillé par un Notaire honnête et délicat, mis sur la voie par un incident fortuit : « Mais ou n'y verra rien, l'intérêt étant joint au capital. » On n'y verra rien, misérable!... Vous avez dit vrai en ce sens, que c'est dans l'ombre vous aurez frappé votre victime: un pauvre père de famille, une veuve chargée d'enfans, un fermier que la stérilité de l'année a mis en arrière de ses affaires. Mais votre coup en sera-t-il moins inhumain? Depuis quand la main de celui qui se cache pour faire le mal, en est-elle moins criminelle? Oui! dans les campagnes, cette lèpre de l'usure a tellement gagné de terrain, elle est devenue si générale, que souvent le Notaire consciencieux redoute d'interroger les parties sur les circonstances qui ont donné lieu au prêt, dans l'appréhension de le trouver usuraire et d'occasionner de nouveaux frais au débiteur, en refusant ensuite de dresser l'acte réglementaire (1). Car, hormis les cas où les comptes s'apurent devant lui, ou lui sont volontairement dévoilés, il ne peut être responsable des faits d'usure qui lui sont soigneusement célés. O malheur des temps! où l'honnête magistrat, ainsi traqué entre les exigences de sa conscience et l'iniquité de ceux qui l'entourent, est souvent obligé de fermer les yeux et les oreilles, et de marcher comme à tâtons, vers un but donné. Mais si les faits sont patens, si les révélations sont certaines, dès-lors la plume du Notaire, ami de la probité et de la sagesse, doit se refuser à consacrer, par écrit, des prêts usuraires; elle doit se briser d'indignation en présence d'une honteuse et coupable spéculation, fondée sur le besoin et l'indigence d'autrui (2).

---

(1) Manque aux obligations de son ministère, le Notaire qui constate qu'un prêt a été fait en argent, tandis qu'il n'a eu lieu qu'en denrées ou autres valeurs mobilières, sur la vente ultérieure desquelles l'emprunteur devra nécessairement perdre pour les convertir en argent. (Confér. d'Ang., t. 6, p. 64.)

(2) Défense aux Notaires de recevoir des actes usuraires (Ord. de Louis XII, 1510, art. 65). Les conciles de Bordeaux et de Reims (1583) et de Toulouse (1590), les prohibaient sous peine

Un Notaire, de notre connaissance, retint un jour une obligation de 220 fr., payable par une pauvre veuve, dans le délai d'une année et sans intérêt. Il ne soupçonna point d'abord la fraude usuraire, mais après le départ de ses clients, un doute lui vint, son cœur se gonfla d'une amère douleur, à l'idée d'une manœuvre coupable. Il courut trouver la pauvre veuve et il acquit aussitôt la certitude qu'elle donnait 10 pour cent d'intérêt, sur la somme prêtée. Eh bien! dit-il, c'est ma faute, je devais comprendre cela; pour me punir d'avoir eu des yeux trop peu clairvoyants, je vous laisse dix francs, votre intérêt sera ainsi réduit au taux légal. Mais, la pauvre veuve attendrie, refusait l'indemnité inattendue. Le Notaire insistait; enfin, et pour terminer ce débat honorable et touchant, le digne fonctionnaire jeta sur la table les pièces d'argent et disparut.

Ce trait de délicatesse et de généreuse sensibilité, n'est point mis ici pour servir de règle. Comme nous l'avons exposé, le Notaire, entièrement étranger aux conventions qui avaient précédé l'obligation, ne pouvait être moralement responsable des conséquences usuraires de l'acte; mais ce fait honore le Notariat, il tend à reporter sur lui la considération et le respect; nous le consignons dès-lors dans ces pages, et d'autant plus volontiers, que son auteur étant mort aujour-

d'excommunication *ipso facto.* « On peut dans le besoin, emprunter à usure, mais un Notaire ne peut jamais y prêter son ministère. » (Confér. d'Ang. , tom. 6, p. 65.)

d'hui (1), il n'est plus à craindre que sa modestie soit blessée par ce récit.

Depuis quelques années, de petites banques ou bureaux d'escompte, s'établissent dans les plus minces localités. Comme le taux d'intérêt de ces bureaux s'élève bien au-dessus de l'intérêt légal (2), il n'est point rare de rencontrer des cliens qui, dans les nombreux billets qu'ils acceptent ou souscrivent, demandent que l'intérêt soit calculé sur le même pied, et ajouté au capital dû. Sur la réclamation du Notaire, ils objectent que cet accessoire ne revient point au

---

(1) Qu'il nous soit permis de payer ici un juste tribut d'éloges à la mémoire de M. Julien-Labruyère, notre excellent confrère, mort il y a quelques années à Jonzac, et à qui revient le trait qu'on vient de citer. Plus d'une fois, à l'entrée de la carrière, ses avis paternels nous ont été d'un grand secours, et sa bonté touchante nous a soutenu et encouragé au milieu de difficultés de plus d'un genre. On peut, à juste titre, lui appliquer cette sentence des livres saints : La mémoire de l'homme de bien ne ne périt point et sert d'édification aux âges futurs : *in memoria æterna erunt justi.*

(2) L'escompte ne constitue point un intérêt conventionnel ordinaire, de sorte qu'aux yeux de la loi, l'usure ne peut que rarement se rencontrer dans ces sortes de contrats ; en est-il de même sous le rapport de la morale? Trop souvent ce genre d'opération couvre des prêts déguisés, et dès-lors, tout ce qui excède le taux légal est évidemment usuraire. La rareté du numéraire, son déplacement pour l'acquit d'effets payables à d'assez grandes distances, ont déterminé la jurisprudence à donner à l'escompte un caractère différent de celui du prêt. Cependant, on ne peut nier qu'il est des bornes au taux de l'escompte, et de nos jours la facilité et la rapidité des moyens de communication, et l'abondance du numéraire, ont dû encore singulièrement rétrécir ces bornes. Aussi se trouve-t-il des banquiers qui, traitant les affaires avec conscience, se contentent de 6 p. 0/0 pour les opérations ordinaires, et de 7 pour les cas extraordinaires.

Malheureusement ces hommes sont encore fort peu nombreux.

porteur du billet, mais bien à la caisse du banquier. Quoiqu'il en soit, nous estimons que les Notaires doivent se tenir en garde contre les moyens qui tendent à violer journellement la loi, et à augmenter rapidement la misère publique. Quelques personnes ont remarqué, avec une certaine apparence de raison, que depuis l'abolition de la loterie et des jeux publics, le peuple a semblé jouer à la banque. Ce besoin réel ou factice d'argent est, à l'époque actuelle, d'une effrayante généralité : il vainc tous les obstacles, il ne s'arrête devant aucune considération de prudence et de sagesse. Fils naturel du luxe effréné qui nous obssède, il ne peut être légitimé que par lui. Quant à ses effets désastreux dans l'avenir, ils ne sauraient être entièrement calculés. Plus d'une fois nous avons pensé que des banques créées, par actions, et où l'argent serait prêté sur billets, avec deux ou trois signatures, au taux modéré de 6 p. %, rendraient, aux campagnes et aux petites villes, un service des plus signalés. Il est pourtant des économistes distingués qui redoutent de faciliter ainsi les prêts, craignant de multiplier par là, les chances de ruine des nombreux emprunteurs. A nos yeux l'usure n'a point de bon côté; et s'il est vrai de dire qu'elle entache la plupart des opérations des petites banques et bureaux d'escomptes qui pullulent de nos jours, son abolition, ou simplement son atténuation, serait, sans contredit, un immense bienfait social.

§ 6. — DU MA N .

Quelquefois, le mandat peut être dans les mains d'un malhonnête homme, un instrument de ruine pour celui qui le lui a confié trop légèrement. Quel reproche n'aurait donc point à se faire un Notaire délicat, si, par négligence, ou pour toute autre cause, il avait manqué d'éclairer son client sur les suites importantes de cet acte.

Parfois, le mandat est en blanc, bien que notarié; d'autrefois, il se donne sous seing-privé, par un simple blanc-seing. Ces deux formes exigent beaucoup de confiance de la part de celui qui les emploie vis-à-vis du mandataire élu; mais la dernière forme est, sans contredit, la plus dangereuse et la plus féconde en inconvénients de toute sorte. Les Notaires ne doivent, que dans de bien rares circonstances, conseiller l'envoi, soit par la poste, soit par tout autre voie, de semblables pouvoirs donnés en blanc-seing. La pièce peut s'égarer, et il suffirait qu'elle tombât entre les mains de personnes indélicates, pour que la fortune entière d'un client disparut dans un clin-d'œil.

Un propriétaire vend quelquefois à crédit son bien de campagne, à une personne qui se propose de le revendre en détail. Pour éviter les frais d'un acte, cette première vente est consommée par écrit sous seing-privé, et au moyen d'un mandat de même forme ou notarié, l'acquéreur est chargé de vendre dans le nom de l'ancien propriétaire. Ces combinaisons, inspirées par un pur esprit d'agiotage, peuvent souvent devenir fatales au vendeur. Une telle gestion, conduite en-dehors de l'œil du maître, et au seul gré d'un mandataire, dont les intérêts sont en opposition réelle avec ceux du mandant, est trop féconde en inconvénients. D'un autre côté, le privilége du vendeur primitif est chose trop importante, pour en laisser le soin à un tiers qui souvent n'offre d'autre garantie que son heureuse audace en pareilles spéculations. Ensuite cette manière d'opérer tend à frustrer l'état de l'impôt considérable de l'enregistrement. Sous plusieurs rapports, il convient donc de se tenir en garde contre ce mode d'opérations, que l'amour du gain rend, de nos jours, assez fréquent.

D'autres fois, un débiteur malheureux confiera à son créancier qui le harcelle, ou à l'agent d'affaires de celui-ci, une procuration à l'effet de vendre certains immeubles dont le prix doit servir à combler la dette. Ruineux procédé, dicté ou imposé par le besoin et développé par un intérêt sordide et partial; n'est-il pas visible que ce créancier, si pressé de rentrer dans ses fonds, ne regardera pas à deux fois pour l'aliénation de cette terre ou de cette maison? Mieux vaudrait charger un Notaire d'apposer des placards relatifs à la vente. Une concurrence favorable serait dès-lors ouverte, et le vendeur, à un jour donné, consentirait lui-même l'aliénation, pour un prix autrement supérieur, des biens destinés à désintéresser ses créanciers.

Que d'avantages, que de services ne doivent point, dans ces cas et dans mille autres, une foule d'individus, une population entière, à un Notaire, plein de délicatesse et d'une charité toute chrétienne!

§ 7. — DES TRANSACTIONS.

Au dire des jurisconsultes, les transactions sont le triomphe du Notariat; c'est alors, en effet, que, surmontant mille difficultés de situation, qu'appaisant des haines mortelles, en leur ôtant leur aliment ordinaire, que préparant et affermissant avec soin, un terrain nouveau, d'où sera banni tout conflit d'intérêts rivaux et sur lequel des hommes, naguères divisés, pourront désormais vivre en frères, le Notaire a fait briller, dans tout son éclat, le précieux caractère de ses fonctions éminemment sociales.

Le pardon des injures est la vertu favorite des âmes d'élite, parce que l'humilité dont elles sont pénétrées, à la vue de leurs infirmités journalières, les fait constamment se regarder comme indignes de tous égards et de toutes distinctions; de là leur grande indulgence pour autrui. Mais le commun des hommes boit à longs traits à la coupe de l'inimitié et de la vengeance. Telle est la source la plus ordinaire des nombreux procès, qui ôtent la paix aux familles, et qui souvent les plongent dans la misère la plus profonde. A cet égard la partie victorieuse est presque aussi châtiée que la partie vaincue. La fable des *Plaideurs et l'Huître* renferme un sens moral, qui sera vrai pour tous les lieux et dans tous les temps.

Il est aussi une propension vicieuse chez l'homme, et que l'empire seul du christianisme a pu refréner. Nous voulons parler de l'amour si général de la rapine (1); c'est à qui s'enrichira aux dépens d'autrui. On fait impitoyablement main-basse sur tout; les anticipations rurales ne forment pas un des plus minces chapitres de ce long catalogue d'injustices criantes, et si peu en rapport avec la dignité de l'homme. De là, encore une foule de procès qui, rarement, dépassent, il est vrai, les limites de la justice de paix et qui, parfois, s'éteignent même dans les pages conciliantes d'une transaction.

Quand un Notaire, par des précédens justes et honorables, par une réputation soutenue de dispositions bienveillantes à ouïr les différends des parties et à les applanir, s'est avantageusement distingué de cet autre qui saisit toutes les occasions de diviser les hommes et de les exaspérer, leur indiquant une foule de voies détournées, pour tromper des créanciers, et les faire manquer à des engagemens librement contractés, celui-là, seul, a su revêtir le vrai caractère Notarial. C'est à lui désormais que viendront tous ses concitoyens, à quelques nuances d'opinions qu'ils appartiennent, dans nos temps de fâcheuses divisions sociales. Toute opinion avouable doit se baser en effet sur l'équité, et si, par aventure, quelqu'une répu-

---

(1) Lisez les relations des voyageurs, et vous verrez que tous les peuples que la loi de J.-C. n'a pas encore éclairés, sont enclins au vol.

diait l'honneur, et reniait la vertu, une telle opinion ne serait plus qu'une délirante et odieuse monstruosité.

Sans doute, les transactions dans leurs allures capricieuses, et si peu astreintes à des règles fixes, demandent une étude, une précision toute instantanée. Surtout, destinées à mettre la paix à la place de la discorde, elles ne doivent point laisser de porte ouverte à la mauvaise foi, car les passions, pour le moment calmées, mais que le temps seul peut éteindre, bouillonnent et frémissent long-temps; et certes elles ne manqueraient point de faire irruption par la seule issue qui leur aurait été fournie. C'est donc à tracer une loi qui, dans sa spécialité, comme dans sa généralité tout à la fois, enchaîne les parties, en leur laissant pourtant une somme de liberté plus grande qu'elles ne l'avaient au temps du débat, que le Notaire prudent et éclairé doit tendre constamment. Si ce rôle présente des difficultés réelles, son accomplissement exact n'est pas aussi sans mérites. Ce paisible triomphe d'un magistrat, dont la paix et la fortune des familles, dont le bonheur de tout un hameau, jadis divisé, sont l'ouvrage immédiat, est digne de l'admiration des hommes. Lorsque, dans l'application, il a été donné de le voir et de le comprendre bien mieux encore que dans nos pages inanimées, on s'explique comment un cœur généreux peut s'enthousiasmer pour une profession libérale, quand elle est ainsi appréciée du magnifique point de vue religieux et social.

§ 8. — DU STELLIONAT.

Le stellionat est un délit civil qui entraîne la contrainte par corps.

L'article 2059 du Code civil le définit ainsi : « Il y » a stellionat, lorsqu'on vend ou qu'on hypothèque » un immeuble, dont on sait n'être pas propriétaire;

» Lorsqu'on présente comme libres des biens hypo- » théqués, ou que l'on déclare des hypothèques moin- » dres que celles dont ces biens sont chargés. »

Il suffit d'avoir exercé peu de temps le Notariat, pour demeurer convaincu que, dans les campagnes surtout, le stellionat est un délit qui se commet fré- quemment. Il n'est point rare en effet de voir des enfants aliéner des parcelles de terrain que leurs pè- res et mères, encore vivants, leur ont délaissées et partagées verbalement; des maris disposer, au même titre onéreux, des biens de leurs femmes, sans le con- cours de celles-ci. Plus fréquemment encore, on vend des immeubles grévés d'hypothèques, sans le décla- rer; car l'hypothèque, aux yeux de la plupart, est une pure formalité, un fait à peu près indifférent, qui n'of- fre point les caractères d'une aliénation véritable, bien qu'en réalité ses effets, quelques éloignés qu'ils soient, doivent amener ce résultat, si la dette n'est pas éteinte en temps utile.

Dans ces cas de stellionat, plusieurs personnes semblent être de la meilleure foi du monde, et c'est à grand peine qu'on parvient à leur démontrer les inconvénients graves de ce délit civil. Il importe donc que dans la généralité des ventes, des échanges, des constitutions d'hypothèques et autres actes qui affectent la propriété foncière, les Notaires insistent sur ce point; ce n'est qu'en multipliant les questions, qu'en parcourant les diverses phases de la propriété ou degrés successifs de la transmission des biens, qu'ils parviendront à déjouer la fraude des uns, et à détruire la sécurité mal entendue et fatale des autres. En leur expliquant les termes rigoureux de l'article 2059, on ne laissera aucun prétexte à la mauvaise foi, comme aucun doute à l'ignorance; et souvent une position fâcheuse, déshonorante même, sera évitée, grâce à ces observations paternelles d'un magistrat consciencieux. Un acquéreur, un créancier, ne se trouveront point, dès-lors, dans la pénible alternative ou de perdre leur argent, ou de solliciter contre un voisin, ou peut-être un ami, la peine rigoureuse de l'emprisonnement.

C'est le moment de parler du seul cas où les Notaires peuvent établir, dans les actes, la peine sévère de la contrainte par corps. L'article 2062 du Code civil, autorise cette stipulation contre les fermiers, pour le paiement des fermages des biens ruraux. Cette grave exception dit assez qu'il ne s'agit point ici d'une clause courante du style notarial. Dans les rares circonstances où il convient de l'écrire, son opportunité et ses effets doivent être amplement débattus et développés devant les parties intéressées. Une trop rapide application de cette clause, et presque à l'insu des contractans, compromettrait fortement la conscience d'un Notaire, sur laquelle chaque partie a droit de se reposer tranquillement, pour le maintien de ses intérêts, et à plus forte raison, lorsqu'il s'agit de sa liberté civile et de la conservation de ses précieux priviléges sociaux.

§ 9. — DE LA PRESCRIPTION.

Il est peu de dispositions de la loi civile, dont l'homme fasse un abus plus révoltant et plus journalier. Particulièrement dans les campagnes, on se montre peu scrupuleux de faire usage de ce moyen d'acquérir, indiqué par la loi, dans un but que la mauvaise foi corrompt et dénature visiblement. Les prescriptions particulières, mentionnées aux articles 2271, 2272, 2273, 2274, 2275, 2276 et 2277 du Code civil, ne peuvent être que relatives au for extérieur. Aussi sont-elles en opposition formelle avec les exigences du for intérieur. Comment, en effet, pourraient-elles éteindre l'obligation naturelle, étrangères qu'elles sont presque toujours à la bonne foi. Tous les efforts du Notaire, homme de bien, doivent tendre à ramener vers l'exécution des obligations contractées, ceux de leurs clients qui seraient malheureusement tentés d'user, dans les cas indiqués par les sept articles du code plus haut énumérés, des dispositions de la loi civile.

La prescription trentenaire, qui fait l'objet de l'article 2262 du Code civil, ne peut elle-même éteindre l'obligation naturelle, à moins qu'elle soit basée sur la bonne foi. Cependant l'article cité dit : qu'on ne peut opposer à celui qui veut prescrire l'*exception déduite de la mauvaise foi*. Mais, dans cette circonstance, la loi civile, qui avait pour but unique de limiter les actions litigieuses, n'est point ici en harmonie avec le droit canonique : 1° parce que celui-ci exige absolument la bonne foi dans tous les cas de prescriptions ; 2° et parce qu'il veut qu'elle dure tout le temps nécessaire pour prescrire (1).

Ecoutons à ce sujet M. Bigot de Préameneu : « Quand à la mauvaise foi, dit-il, qui peut survenir pendant la prescription, c'est un fait personnel à celui qui prescrit ; la conscience le condamne. Aucun motif ne peut, dans le for intérieur, couvrir son usurpation, les lois religieuses ont dû employer toute leur force pour prévenir l'abus que l'on pourrait faire de la loi civile (2). » Ainsi, ce jurisconsulte, sage et éclairé, se rangeait-il du côté de la loi canonique et improuvait-il, au tribunal de sa conscience, la disposition finale de l'article 2262.

« Au for intérieur, dit M. Delvincourt, on ne peut invoquer ou opposer la prescription, qu'autant qu'on a été de bonne foi pendant tout le temps requis pour la prescription (3). »

______

(1) *Possessor malæ fidei ullo tempore non præscribit.* (Reg. jur. in sext.)

. . . . . *Oportet ut qui præscribit in nullâ temporis parte rei habeat conscientiam rei alienæ.* (Cap. quoniam de præscript.)

(2) Motifs du projet de loi sur la prescription.

(3) *Institutes du droit civil français.*

Après d'aussi graves témoignages, que pourrions-nous ajouter encore?

Il est pourtant des cas indiqués par les articles 2265 et 2279 du Code civil, où ceux qui prétendent user de la prescription, peuvent être assez fréquemment de bonne foi. Dans ce cas, on peut ne point les détourner d'en faire usage.

Ce sera donc au tribunal rigoureux de la conscience, et non aux exigences légales, qu'un Notaire sage en appellera, pour la solution de ces nombreux cas de prescriptions qui, plus d'une fois, se présenteront devant lui et pourront être soumis à sa décision.

Il y a quelques années, nous traversions rapidement la ville de Tours; au relai nous vîmes se placer à nos côtés, dans la voiture publique, une dame de 50 ans, accompagnée d'un jeune homme de 20 à 22 ans, qui était rempli d'attentions et d'égards pour celle que nous reconnûmes bientôt être sa mère.

Pensez-vous, ma mère, dit le jeune homme, lorsque nous fûmes en marche, que si, au lieu d'adresser une demande judiciaire à M. W....., nous eussions frappé à la porte de sa conscience, notre requête eût eu le même sort?...

— Je ne sais que répondre, mon fils? Les inspirations et le langage sacré de la conscience sont écoutés par un si petit nombre d'hommes aujourd'hui.

Nous nous permîmes d'adresser quelques questions à cette dame, qui semblait dominée par un vif sentiment de douleur, et nous apprîmes bientôt, de sa bouche, qu'anciennement son père avait concédé, à titre de rente perpétuelle, une propriété assez considérable à l'homme que venait d'indiquer le jeune Henri D....

A la mort du bailleur, Mme D....., étrangère aux affaires, obligée, par suite de circonstances impérieuses, de s'éloigner de la France, avait passé les cinq ou six dernières années en Italie, et n'avait aucunement songé à faire renouveler un titre que la prescription trentenaire avait, depuis plus de trois années, pleinement invalidé. En sorte, que capital et arrérages, tout fut impitoyablement refusé à sa créancière par un débiteur injuste.

Dans cette conjecture embarrassante, Mme D....., peu fortunée, et n'ayant à peu près que la seule ressource de cette rente pour soutenir son existence et celle de son fils, s'adressa à un avoué de N...., qui pressa peut-être trop vivement cette affaire. Une circonstance vint encore compliquer ce débat : dans ses voyages, Mme D..... avait perdu son titre de créance. Pour s'en procurer un nouveau, elle eut recours à des formalités nombreuses en pareil cas, tracées par la loi. Le sieur W.... fit opposition, soutenant que la rente n'était plus due et que le titre avait nécessairement dû être détruit au moment de l'extinction.

Cette allégation sembla peu probable au tribunal; cependant et en présence des termes rigoureux, mais formels, de la loi, la demande en seconde grosse fut rejetée et gain de cause fut donné, par suite, au sieur W....

— Madame, ajoutâmes-nous, comme Monsieur votre fils , nous pensons qu'il aurait été convenable de faire d'abord appel à la conscience de votre débiteur. Cette affaire, ainsi dirigée par un homme grave, d'une réputation de probité et de sagesse non équivoque, aurait peut-être amené un meilleur résultat.

— Je le voulais ainsi, Monsieur, mais mon avoué a opiné pour une trop brusque solution, et voilà que tout est désormais perdu. Mes espérances d'avenir, celles bien autrement étendues de mon pauvre Henri, tout s'est évanoui dans cette fatale journée, où le droit a été donné à l'improbité la plus éhontée. O justice des hommes ! quel rapport prétendez-vous avoir avec celle de Dieu!....

— Votre douleur, Madame, excuse certainement votre agitation et vos paroles. Mais tout n'est peut-être point fini. Nous avons ici, dans la voiture, un jeune Notaire de nos amis, qui habite une commune voisine de celle de votre débiteur. Confiez-lui votre affaire, il est homme à lui donner tous les soins convenables. Et certes, si M. W.... est susceptible de se laisser vaincre par des considérations puisées dans la morale et dans cette loi naturelle, inscrite au cœur de l'homme, qui lui crie hautement de ne faire à autrui que ce qu'il désire qui lui soit fait à lui-même, votre procès sera bientôt gagné au tribunal volontaire et tout pacifique de ce jeune magistrat; vous serez dès-lors une nouvelle preuve des bienfaits que le Notariat ne cesse de répandre sur la société, quand il répond pleinement au but moral de son institution.

Mme D..... nous remercia de l'intérêt que nous portions à sa position déplorable, et au premier relai, nous la mîmes en relation d'affaires avec le jeune Notaire que nous lui avions indiqué.

Cinq années s'étaient écoulées depuis cette rencontre fortuite.

Un jour, que nous nous promenions dans le port de Boulogne, contemplant ce spectacle imposant de la mer couverte de ses mille voiles, les unes déployées sous l'action du vent, les autres se repliant à l'entrée du port, nous vîmes un jeune homme s'avancer vers nous et nous tendre poliment la main.

— Grâces vous soient rendues, Monsieur, nous dit ce jeune homme que nous ne remettions point à l'instant même; par vous, notre cause perdue a été regagnée.

— Que voulez-vous dire, Monsieur?

—Ce que votre modestie vous empêche de remémorer, la reconnaissance me le retrace à moi en couleurs bien vives. Rappelez-vous, Monsieur, l'affaire de Tours, dans la diligence, il y a cinq années. Il s'agissait d'une rente de 1800 fr., due par M. W.... à Mme D....

—Nous y sommes, Monsieur, et comment vos droits furent-ils reconnus après la décision du tribunal de N.... ?

— Ce sera en présence de ma mère, actuellement à Boulogne et qui va s'embarquer pour Naples au prochain jour, si vous daignez recevoir notre visite, que j'aurai le bonheur de vous fournir ces détails.

En effet, le lendemain nous vîmes arriver à notre hôtel ces deux personnes qui, se confondant en remercîments, nous attribuaient un avantage immense, il est vrai, pour elles, mais qu'elles devaient entièrement au jeune et zélé fonctionnaire à qui nous les avions adressées. Nous apprîmes alors, que dans des conférences, qui se prolongèrent au-delà de trois semaines, le jeune Notaire de la commune de Saint-P..., fit comprendre au malheureux W.... que le gain qu'il venait de faire pèserait éternellement sur sa conscience, comme un brûlant cauchemar et qu'au moment de sa mort, la possibilité de réparer une criante et si énorme injustice, lui étant probablement ôtée, il se désolerait inutilement au milieu des angoisses atroces du désespoir.

— Comme l'éternité vous paraîtra épouvantable alors, mon cher M. W...., lui disait le jeune magistrat religieux, pensez-y souvent. Que la vue d'une honnête famille, que vous réduisez tout-à-coup à la misère, que la considération de votre avenir vous touchent! O je vous en conjure, mettez encore plus d'empressement à réparer le tort que vous avez commis, que vous n'en avez mis naguère à le commettre.

Enfin, un jour, heureux entre tous ses jours, vaincu par les paroles du sage magistrat, vaincu par les remords réveillés d'une conscience que l'intérêt seul avait momentanément égarée, M. W.... déposa, entre les mains du Notaire, le titre qui renouvelait la créance de Mme D.... et qui s'asseyait sur ses anciennes bases immobilières.

Comme nous étions fiers du triomphe de notre jeune magistrat, qui était celui de la morale, comme nous étions heureux du bonheur de cette intéressante famille! Comme elle nous parut providentielle, cette rencontre à Boulogne, d'un jeune homme qui nous faisait plus de bien, qui donnait à notre cœur plus de joie, que tous les plaisirs et tous les festins du monde n'auraient pu nous en procurer ensemble!

§ 10. — RELATIONS EN GÉNÉRAL

DU

NOTAIRE AVEC SES CLIENTS.

La jurisprudence a toujours considéré le Notaire comme un mandataire éclairé et impartial, que les parties choisissent d'un commun accord, pour le réglement de leurs droits et le partage de leurs intérêts communs.

Il résulte, de cette élection collective, l'obligation pour le fonctionnaire qui en est l'objet, de veiller avec autant de soins et de paternelle sollicitude, aux intérêts de l'un que de l'autre des clients qui comparaissent devant lui. Tous doivent être égaux à ses yeux, et pour mieux le pénétrer de cette vérité, d'ailleurs si élémentaire, la loi lui a interdit de traiter les affaires de certains membres les plus rapprochés de sa famille (1), en faveur desquels les liens du sang auraient pu faire pencher la balance de l'impartialité. Rarement il se rencontre de ces hommes sans cons-

____

(1) Voy. l'art. 8 de la loi du 25 vent. an xi, à l'Appendice.

cience et sans honneur, qui croyant trouver dans un Notaire, un instrument facile pour l'exécution de leur frauduleux desseins, osent venir mendier, d'un fonctionnaire public, une injuste et révoltante faveur : mais enfin il s'en trouve. La chaleureuse indignation du Notaire doit, dans ce cas, faire prompte justice de ces injurieuses propositions, et s'il répond à de telles gens qu'ils ont dû descendre le dernier échelon de la bassesse, comme de l'ignorance du caractère notarial, avant de venir lui faire une telle ouverture, il n'en aura certes pas trop dit. Car l'injure est grossière et choquante pour le fonctionnaire honnête homme; lui, dont la réputation d'intégrité doit toujours être au-dessus du soupçon.

Dans les campagnes, où les relations journalières ont lieu avec des hommes aux formes rudes et souvent impolies, un Notaire sage doit se résigner aux inconvénients de sa situation. Il doit comprendre que c'est plutôt avec de la patience que de la brusquerie, qu'on vient à bout de telles natures d'hommes, et, en définitive, il doit se dire que sans éducation, il aurait lui-même été tel. Du reste, parmi ces gens aux formes grossières, il en est plusieurs qui n'ont de rude que l'écorce, et dont l'âme sensible et bonne, est capable des plus généreux élans : nous l'avons éprouvé plus d'une fois. Donnez donc l'impulsion de la vertu à ces bonnes personnes du peuple, à ces pauvres ouvriers. Montrez-leur l'exemple du bien, qu'ils apprennent par vos paroles et par vos œuvres, que toute la richesse de l'homme ne consiste point dans la seule et froide possession de l'or, mais mieux dans un service rendu, dans un malheur réparé à temps, dans une larme séchée, dans un seul mot de consolation dit à celui qui en avait besoin. Oh! alors, vous trouverez de l'écho dans la plupart de ces âmes simples, vous ferez la douce expérience que le langage du cœur est partout le même, qu'il n'a pas besoin d'école, parce que toutes les intelligences sorties nobles et pures de la main de Dieu, sont capables de produire les mêmes fruits de charité.

Le Notaire de la campagne diffère essentiellement de celui de la ville, dans ses rapports avec les clients. Ce dernier, renfermé dans son cabinet, préservé par l'étude où siègent les clercs, du contact avec la foule, ne voit du Notariat que le beau côté. Il est complètement dégagé dans la pratique de mille questions étrangères à son état, empiètements obligés sur d'autres professions que, dans les difficultés nombreuses de la vie, les clients rapprochent et confondent très volontiers. Tandis que le Notaire de la campagne, livré sans intermédiaire à l'action de la foule, est considéré comme un avocat gratuit, à qui l'on trouve bon de recourir en toute circonstance. Aussi les questions qui sont du ressort de l'autorité municipale, ou de la compétence du juge-de-paix, lui sont successivement soumises. Un débat litigieux doit-il être porté devant le tribunal civil, on vient l'en instruire et l'interroger sur toutes les questions qui devraient être soumises à l'avocat et à l'avoué. Des embarras en matière d'impôts directs ou indirects surgissent-ils fortuitement, l'étude du Notaire est encore là, et son avis sur ce point sera également réclamé. Répondre à ces bonnes gens qu'on n'est point maire, ni juge-de-paix, ni avocat, ni avoué, ni même employé dans la perception, ce serait leur donner du Notariat une idée bien plus restreinte et plus bornée qu'ils ne l'ont généralement, et ce serait de plus les dégoûter de venir trouver un fonctionnaire dont la compétence, ainsi resserrée, serait d'autant plus difficile à être comprise et utilisée par des gens peu habitués à saisir les lignes, souvent arbitraires, de démarcation de chaque profession libérale.

Le Notaire doit donc se résigner, et comprendre que s'il n'est séparé du peuple que par une seule porte, il doit entendre ses doléances avec une bienveillance toute paternelle, le soustraire continuellement à la chance ruineuse des procès et conflits de toute sorte. D'ailleurs, les études variées auxquelles l'oblige cette foule de questions diverses, ne sont pas sans fruit pour le Notaire, elles lui inculquent nécessairement une connaissance plus approfondie, mieux raisonnée de nos Codes. Il recueille ensuite de ces études, les doux fruits de science, dont il fait l'application quotidienne et que la considération et l'amour de ses concitoyens savent payer avec usure.

Est-ce bien là, soit dit sans partialité, la profession que l'on pourrait assimiler au négoce, en le frappant d'un droit de patente? Fut-il jamais au contraire un emploi plus dégagé des faits spéculatifs et mercantiles, qui constituent le titre d'industriel? Titre honorable, sans doute, et à nos yeux surtout, mais si éminemment matériel, tandis que le Notariat tel que nous l'envisageons, et tel qu'il est en réalité, dans les développemens journaliers de ses immenses ressources pour la pacification et le repos des familles, est purement intellectuel et moral.

CHAPITRE IV.

—

DES CLERCS DE NOTAIRE.

Sur la fin de 1841 , l'assemblée générale des Notaires de France, s'occupant de tous les intérêts du Notariat, repoussa le grade de licencié en droit, rendu obligatoire pour les aspirants à cette fonction. L'autorité de Massé, qui préférait un clerc formé dans l'étude et au milieu des affaires, à un jeune homme sorti de l'école, lui parut décisive, et une importante considération morale qui honore cette assemblée , vint corroborer l'opinion par elle émise. « L'élève en droit, dit le rapport de la conférence, est envoyé dans les grandes villes , il s'isole de la surveillance de la famille, il contracte des habitudes de luxe et de dissipation, fut-il un sage, les plaisirs tôt ou tard l'emportent sur les études. Le clerc, au contraire, travaille sous l'égide paternelle et patronale, il s'identifie à la vie de province, contracte des goûts simples, sent de bonne heure la nécessité absolue de s'attirer l'estime de ses concitoyens, au milieu desquels il veut se faire

Notaire; l'assiduité du travail éloigne les désirs immodérés du plaisir et les besoins de dépense. Enfin, tout chez lui le prépare d'avance à la modestie de la carrière qu'il est désireux de parcourir. N'y aurait-il pas ensuite de grands inconvénients à jeter chaque année 20,000 jeunes étudiants de plus, à l'oisiveté et au désordre des grandes cités (1)? L'auteur du rapport poursuit, et s'adressant aux Notaires, il leur dit : vous conserverez le professorat de vos élèves; vous, plus que tous autres, Messieurs, êtes à même de leur donner simultanément et les secours de théorie et les leçons de pratique indispensables aux Notaires; enfin ils puiseront dans vos maisons, des exemples de vertu et d'austérité que leur refuseraient les grandes villes. »

Quel est donc maintenant le Notaire en France, qui ne tiendra à justifier les propositions si sages de la conférence des Notaires des départements? qui se refusera à considérer comme son élève, le jeune homme qui travaille dans son étude? qui ne sentira, au contraire, la nécessité de lui inculquer, indépendamment des connaissances relatives à sa noble profession, ces traditions de morale religieuse, héréditaires dans les bonnes familles (2), et qui forment, sans contredit, leur plus beau titre à l'admiration publique.

---

(1) Le rapport cité élève ce chiffre à 40,000. C'est visiblement une exagération.

(2) La religion donne à l'enfance une pureté angélique, à la vieillesse une autorité douce et respectable ; murissant les fruits d'une éducation forte et éclairée, elle fait éclore dans l'âge viril

Nous avons passé quelque temps dans l'étude d'un Notaire de la ville de B..., que nous ne nommerons point, dans la crainte de blesser sa modestie, et qui, sous le rapport de la probité et du savoir, n'avait certes rien à envier à aucun de ses collègues de la localité, mais qui, chaque dimanche matin, n'omettait point de s'enquérir si ses clercs avaient assisté à la messe de la paroisse. Ce magistrat en était-il moins recommandable? Perdait-il dans notre esprit quelques-unes des prérogatives que son caractère de fonctionnaire et d'honnête homme lui assuraient à double titre? Diminuait-il, par là, notre empressement et notre assiduité à seconder ses nobles et utiles travaux? Oh! non sans doute, le Notaire vertueux a d'ordinaire des clercs qui le sont aussi : qui se ressemble s'assemble, cette maxime est vrai d'ordinaire dans toutes les acceptions.

Quand les pères et mères confient leurs enfants à un instituteur, ils le choisissent vertueux; sage, éclairé. Et, lorsque ces premières études sont terminées, lorsque les jeunes gens ont fait choix d'un état, et qu'ils se distribuent dans les différentes carrières libérales, ne doit-il plus, dès-lors, être question de morale et de religion? Les vérités, bonnes pour le premier âge, ne conviendraient-elles plus à l'adolescence, à l'âge viril? L'homme, par hasard, ne doit-il être ver-

---

le courage des héros, l'intégrité sans ombre et sans faiblesse des magistrats, les lumières des savans et les vertus de tous les citoyens fidèles à ses lois.　　　　　　(Mgr Clausel de Montals.)

tueux que dans l'enfance? Le vice et le désordre sont-ils donc l'apanage obligé d'une époque quelconque de la vie (1)?... Nous en appelons ici à la conscience de tout homme raisonnable.

La proposition de Massé, plus haut énoncée, reçoit une application plus juste dans les petites localités que dans les villes populeuses. Supposez un bon Notaire, qui habite une campagne, et certes cette supposition est fréquemment une réalité de nos jours, comme le jeune aspirant qui entrera dans l'étude de ce Notaire, y trouvera de nombreux moyens de s'instruire! Habitant le même cabinet que son patron, les affaires s'y traiteront continuellement devant lui; il appréciera toutes les difficultés qui hérissent souvent les transactions les plus ordinaires, les moyens auxquels un homme prudent et perspicace, peut avoir recours pour les lever. Il entendra faire à telle prétention exorbitante d'un client, l'application formelle du texte de la loi qui la repousse. Il saura que telle convention proposée par une personne inexpérimentée, occasionnerait un droit énorme d'enregistrement, qu'une rédaction plus exacte, plus châtiée dans ses termes et ses allures, réduira à des proportions moins onéreuses. Il apprendra à refuser aux exigences déraisonnables d'un client, la connaissance de faits et d'écrits qui lui sont étrangers, mais à adoucir, toutefois, ce refus consciencieux,

---

(1) Aujourd'hui surtout où de toutes parts on réclame la liberté d'enseignement, promise par l'art. 69 de lacharte de 1830 , ces questions sont pleines de vitalité.

par une bienveillante et gracieuse explication des termes formels de la loi. Il assistera, parfois, à ces discussions bruyantes de familles, alors que tous les fils d'un même père, réunis dans l'étude du Notaire, se disputent, avec aigreur et animosité, une succession que leur auteur leur a laissée avec tant d'empressement et d'amour. Il recueillera ces paroles calmes et mesurées, sorties de la bouche du fonctionnaire, exhortant à la paix et à la concorde toute fraternelle des cœurs qu'il est si beau de voir unis; et tout-à-coup sa jeune âme impressionnable, se passionnera pour sa noble profession future, en voyant ces frères, honteux de leurs discordans débats, se tendre mutuellement la main et oublier, aux accents d'une voix amie et vénérée, leurs torts réciproques et leurs haineux emportements.

Il n'en est plus ainsi des clercs de Notaires dans les grandes villes. Ségrégés entièrement de leur patron qui seul est renfermé dans son cabinet, où vont le trouver les clients à tour de rôle, ils fonctionnent isolément. Ils vaquent au travail manuel de l'étude, tandis que le travail purement intellectuel se fait ailleurs. La cléricature des villes a donc quelque rapport avec l'allure des écoles, blâmée par Massé; elle est trop théorique, en ce sens, que les rapports journaliers avec les parties lui manquent, et qu'elle ne peut saisir de tous ces pourparlers, qui préparent et mûrissent les conventions des hommes, que des faits déjà accomplis et dégagés de leurs instructifs préliminaires : inconvénient grave qui réduit presque au seul rôle de copistes, la plus grande partie des clercs de Notaires, dans les localités populeuses, et là même, où les aspirants seraient à portée de s'instruire; là même, où il y aurait moins d'inconvénients à leur laisser entendre l'exposé fait par des clients presque toujours inconnus.

L'ordonnance du 4 janvier 1843, empreinte de bienveillance pour le Notariat, a placé sous la surveillance immédiate des chambres de discipline, la conduite des jeunes aspirants au Notariat; cette innovation doit être féconde en bons résultats; elle fera disparaître les abus qui pouvaient être relatifs aux certificats de stage. Il aurait peut-être été à désirer que le certificat de capacité n'eût été délivré à l'aspirant qu'après examen de la part d'un jury spécial, qui aurait pu se réunir deux ou trois fois l'an, au chef-lieu judiciaire de chaque département, et composé de Notaires tirés au sort, dans chaque chambre de discipline des divers arrondissements compris dans la circonscription départementale; ce mode aurait offert une garantie plus complète (1). Parfois une chambre de discipline peut, en faveur d'un candidat de la localité, d'un fils de confrère, peut-être, se laisser aller presque forcément, à quelqu'une de ces mille considérations d'amitié et de voisinage qui gênent et entravent ses décisions (2); mais enfin, telle qu'elle est, cette or-

---

(1) N'est-il pas à présumer que le genre sérieux de l'examen proposé, bien mieux qu'aucune mesure fiscale, aurait en outre rendu moins fréquentes les transmissions de charges.

(2) L'état de Notaire exige surtout une singulière probité et ceux qui, chargés de l'examen d'un candidat, le recevraient par

donnance a été un grand pas de fait dans la voie des améliorations et du progrès; il faut en savoir gré au pouvoir, et seconder ses intentions.

Que les clercs de Notaires se pénètrent bien de cette importante vérité, que plus un jeune homme aspire à une profession qui le doit mettre en relief dans la société, plus aussi sa conduite régulière et exemplaire doit le distinguer du commun des hommes; la science seule n'a jamais été un titre suffisant pour se concilier l'estime et la confiance générale. Sans la vertu, c'est un vain bruit, c'est une lueur passagère au milieu de la nuit, et dont l'éclat mensonger, bien loin d'être utile, ne peut qu'égarer ceux qu'elle a momentanément éblouis. Les jeunes gens façonnés suivant les fatales doctrines de nos modernes faiseurs de romans-feuilletons, sont la pire engeance de fonctionnaires. Leur âme s'est complètement desséchée au souffle impur du matérialisme. L'intérêt et la volupté sont les idoles de prédilections de cette caste anti-sociale. Devant ces principes désorganisateurs, il n'est rien de sacré, rien de respectable. Trop semblables à ces malades dont le goût est détruit, ces hommes s'accommodent de tout, et ne sont plus aptes à assigner la distance qui existe entre les actions vertueuses et celles qui leur sont opposées. Que pourrait attendre le Notariat d'une telle classe d'hommes, sinon le désordre et la honte ?

---

faveur ou par faiblesse, bien qu'il fut incapable et indigne, en répondraient devant Dieu et la société, et manqueraient à leur serment. (*Confér. d'Angers*, t. 6, p. 58.)

Peut-être sera-t-il pourvu, plus tard, à la création d'écoles spéciales du Notariat, dont les cours deviendront, dès-lors, obligatoires pour tous les jeunes candidats. Si cette mesure est un jour adoptée par le gouvernement, ce que nous ne sollicitons pas, à l'exemple de la *Conférence des Notaires de France,* nous demandons que chaque chef-lieu de cour royale, au moins, ait son école; que la durée des cours n'excède pas deux années, et que ces cours ne soient considérés que comme un complément du stage ordinaire. Le titre de bachelier ès-lettres pourrait d'ailleurs être obtenu facilement, dans cette période. Moins nombreuses, ces écoles seraient préjudiciables à la morale et même à l'étude des jeunes gens, en groupant forcément, au sein de deux ou trois grandes villes, toute une population d'aspirants au Notariat, habitués au calme et à la vie réglée des petites localités.

Nous devons le dire ici, le Notariat n'est point, en général, une profession qui, avec peu de travail, mène à une fortune rapide. Ce n'est point non plus un état qui offre à l'ambition des chances inouies d'avancement et d'élévation. Ses résultats peuvent seulement satisfaire les goûts simples, modestes de l'homme de bien, de celui qui tient à gagner et conserver l'estime de ses concitoyens; dont le bon cœur se plaît à concilier journellement les difficultés que les intérêts opposés des hommes, font sans cesse surgir parmi eux; qui s'estime heureux de pouvoir ramener au sein des familles, que le christianisme a formées, cette paix et cet

accord qui font leur force et leur principale richesse;
qui se contente pour lui d'une honnête aisance et qui,
jouissant du témoignage secret d'une conscience droite
et irréprochable en affaires, n'envie rien aux plus hautes célébrités de l'époque, si faussement, sans doute,
regardées par le grand nombre, comme ayant le mo-
nopole du bonheur.

CHAPITRE V.

—

Études journalières indispensables à un Notaire nouvellement installé. — Ouvrages essentiels à sa bibliothèque.

Un jeune Notaire se ferait grandement illusion, s'il supposait qu'une fois revêtu de ses honorables fonctions, son rôle invariablement tracé se bornât uniquement à attendre l'arrivée des clients, et à aborder de pied ferme les questions nombreuses qui doivent successivement lui être soumises. Quelque instruction qu'il ait acquise, quelque habitude des affaires qu'il ait contractée, ses connaissances ne peuvent être complètes, et son expérience encore moins. L'étude des lois est vaste, le champ de la jurisprudence a des limites encore plus reculées, moins certaines, et par conséquent moins faciles à saisir, que le temps déplace à chaque instant. La volonté mobile de l'homme enfante, chaque jour, des conventions nouvelles; ses passions désordonnées, infatigables, multiplient sans cesse ses exigences et ses besoins; comment donc distinguer les bornes que la morale et les lois leur imposent sagement, sans une application toujours soutenue, sans une vigilance continuelle ?

L'étude persévérante est ici tout-à-fait indispensable. Si nul homme ne peut se soustraire à cette utile loi du travail, si nul ne peut braver, sans inconvénient, la sentence divine, à plus forte raison le fonctionnaire, chargé par état de conseiller les autres, et de les diriger dans leurs affaires civiles, à toute heure et en toute rencontre.

Nous appellerons donc l'attention du jeune magistrat, chargé de la juridiction volontaire, sur trois points principaux, dont nous lui recommandons l'étude sérieuse et quotidienne, sous peine de voir bientôt sa conscience compromise, dès-lors que l'intérêt de ses clients ne serait pas suffisamment ménagé par lui.

1° Etude des lois nombreuses qui régissent le royaume, et particulièrement des lois civiles, qui sont plus journellement de son ressort. Ainsi l'on peut mettre en première ligne, les nombreuses dispositions de notre Code civil; quelques parties du Code de procédure et du Code de commerce; les lois sur l'enregistrement avec leurs récentes modifications (1). Pour faciliter cette étude, nous recommandons le *Recueil des lois et ordonnances annotées* et publié par les rédac-

---

(1) Voir le tableau des droits d'enregistrement, placé à l'Appendice.

teurs du *Journal des Notaires*, depuis 1789, jusqu'à nos jours (1).

Ce n'est point assez de posséder la lettre des lois, il faut de plus en saisir l'esprit. C'est dans les discours des orateurs qui les ont discutées, c'est encore dans les commentaires des bons auteurs, que cette science pourra être puisée, à la suite, il est vrai, d'opiniâtres labeurs. Parmi ces auteurs, nous aurons l'embarras du choix : que les jeunes Notaires s'en félicitent, c'est un avantage incontestable qu'ils ont sur leurs devanciers. Si, au sein des villes, il est facile dans une conjoncture épineuse, de recourir à un habile jurisconsulte, cet avantage manque tout-à-fait à la campagne. Que faire alors, si sur les rayons de sa bibliothèque, le jeune fonctionnaire ne trouve point, dans des ouvrages estimés, la solution des cas difficultueux? Entre ces auteurs distingués, nous nous plaisons à citer MM. Delvincourt (2), Duranton (3), Troplong (4), Toullier (5), Dalloz (5 bis), Paillet (6), Boileux (7), Bugnet (8), Teulet

---

(1) 34 vol. in-8º.

(2) *Institutes du Droit civ. franç.*, 3 vol. in-8º.

(3) *Cours du Droit franç.* suivant le Cod. civ., 22 vol. in-8º.

(4) *Droit civ.* expliqué, 15 vol. in-8º.

(5) *Droit civ. français*, 13 vol. in-8º, 1846. — (5 bis) *Diction. gén. de Jurisp.*

(6) *Manuel du Droit franç.*, 1 vol. in-8º; *Manuel complémentaire*, 2 vol. in-8º.

(7) *Comment. sur le Code civ.*, 5 vol. in-8º.

(8) *OEuvres de Pothier*, annotées et mises en corrélation avec la législation actuelle, 10 vol. in-8º.

et Loiseau (9), Taulier (1) et Desgodets (2). Nous ne nous arrêterons point aux nombreuses monographies ou traités particuliers des différents chapitres du Code civil. Plusieurs préfèreront se borner à un ou deux des traités complets que nous avons cités ; quant à ceux qui désireront étendre leur collection, il leur sera facile de faire un choix plus vaste.

Pour l'enregistrement, nous citerons 1° MM. Championnière et Rigaud (3).

2° Lecture attentive des ouvrages spéciaux pour le Notariat, nombreux aujourd'hui, mais qui manqaient entièrement à ceux des anciens Notaires qui, il y a quarante ans, ont ouvert la carrière. Plusieurs de ces ouvrages sont du plus haut mérite, et s'ils ne peuvent compléter l'expérience d'un Notaire, du moins ils l'initient grandement à l'expérience acquise de ses devanciers.

Nous n'hésiterons pas à placer au premier rang de la bibliothèque d'un jeune Notaire, Massé, dont le nom fait autorité dans la science notariale moderne (4) ; Rolland de Villargues, dont les pages savantes peuvent satisfaire ceux qui cherchent à s'instruire à fond, des lois qui régissent le Notariat et qui veulent connaître les phases diverses qu'il a subies chez les différents

---

(9) Les *Codes tenus au Cour. de la Légis.* avec corrél. d'art., 1845, 1 vol. in-8°.
(1) *Théorie raisonnée du Code civ.* 8 vol., 1846.
(2) *Lois des bâtiments*, édit. 1845, 1 vol. in-8°.
(3) *Diction. de l'Enregist.*, 1 vol. in-8°.
(4) *Parf. Not.*, 3 vol. in-4°, dernière édit. * — *Jurisprudence et style du Notaire*, par MM. MASSÉ et LHERBETTE, 8 vol. in-8°.

* Voir nouveau Parf. Not., par deux avocats ; Paris, 1828, 2 vol. in-8°.

peuples civilisés du monde, et dans tous les âges (1);
Favard de Langlade (2), Loret(3), Augan (4), Fouquet (5), Roy (6), Ledru (7).

Nous indiquons, en outre, avec la certitude d'être
applaudi, le *Dictionnaire du Notariat* et son *Supplément* (8), ouvrage si précieux dans la pratique journalière, et dont la forme alphabétique facilite si singulièrement les recherches. Il est bien rare que cet excellent livre ne contienne point la solution des questions civiles ou fiscales, sur lesquelles on l'interroge.
Nous recommandons encore le *Formulaire annoté des
actes des Notaires* (9), avec cette remarque pourtant,
qu'un formulaire ne peut que rarement être mis en
pratique; l'immense variété des affaires, leur peu d'a-
nalogie, exigent que le Notaire improvise sans cesse
des clauses nouvelles, d'où la nécessité de sortir d'un
cadre borné et trop inflexible par sa nature. D'ailleurs,
nous avons été à même d'observer que ces sortes de

---

(1) *Code du Notariat*, 2 vol. in-8°. — *Répert. de la Jurisp. du
Not.*, par une société de mag. sous la direct. de M. ROLLAND de
VILLARGUES, 7 vol. in-8°; Paris, 1827 à 1831.

(2) *Répert. de Législ. univ. du Not.*, 2 vol. in-4°.

(3) *Eléments de la science not.*, 3 vol. in-4°.

(4) *Cours de not.*, 2 vol. in-8°, 3e édition.

(5) *Essais sur les oblig. des Not. et sur les régl. soit gén. soit
particul. des actes not.*; Paris, 1810.

(6) *Man. des contrav. et des nul. rel. au Not.*; 1814, in-8°.

(7) *Pothier, des Not.* ou abrég. des œuvr. de ce célèbre jurisc.
pour tout ce qui a rap. au Not., 4 vol. in-8°, 1820.

(8) Par les réd. du *Journ. des Not. et des Avoc.*, 8 gros vol.
in-8°, 3e édition.

(9) 2 vol. in-8°, par les rédact. du *Journ. des Not.*

livres favorisent trop l'abstention du travail en dispensant un jeune Notaire de se créer un style particulier, et qu'ils tendent à faire prévaloir la théorie sur la pratique et l'expérience qui l'accompagne. Nous ne conseillons ce genre d'ouvrage que comme un arsenal où, pour des cas rares, on peut puiser quelques matériaux qui manquent à un édifice dont on est soi-même l'auteur.

3° Étude assidue de la jurisprudence des arrêts qui n'est qu'une sorte de mise en scène journalière, des prescriptions de la loi. Parmi les recueils qui contiennent ces monuments de la jurisprudence du royaume, nous devons citer pour leur spécialité : 1° le *Journal des Notaires et des Avocats* qui, fondé en 1808 (1), est parvenu jusqu'à nous, et jouit, parmi le Notariat, du succès le plus mérité; 2° le *Contrôleur de l'Enregistrement*, journal traitant également les questions civiles et fiscales et qui paraît depuis 1819 (2). Le *Mémorial du Notariat*, la *Jurisprudence du Notariat*, la *Revue du Notariat et de l'Enregistrement* (3).

Cependant , le *Journal des Notaires et des Avocats*, offre un avantage tout particulier pour les Notaires, en ce que chaque décision, chaque doctrine émise est coordonnée, au moyen de chiffres de renvois, avec les questions analogues déjà traitées dans le *Dictionnaire du Notariat*.

---

(1) 2 vol. par an , prix 15 francs.
(2) 1 vol. par an, prix 10 francs.
(3) Ces trois derniers Recueils paraissent, comme les précédents, par livraisons mensuelles , et embrassent aussi les deux branches civile et fiscale.

CHAPITRE VI.

§ 1er. — RESPECT QU'UN NOTAIRE DOIT PORTER A SON CARACTÈRE DE MAGISTRAT.

Si, dans ces dernières années, quelques Notaires, en bien petit nombre pourtant (1), avaient semblé perdre de vue la dignité de leur caractère, l'ordonnance du 4 janvier 1843 est venue la leur rappeler. Dans les sept paragraphes de l'article 12, sont énumérées les spéculations qui leur sont expressément interdites, mais dont la conscience des fonctionnaires, dignes de leur titre, leur avait déjà, et par avance, commandé l'abstention totale. L'ancien Notariat n'avait pu trouver dans le contexte de cet article 12, qui n'existait point de son temps, la prohibition des actes qu'il signale, et cependant il y était demeuré complè-

______

(1) Lisez ci-après, page 177, la justification du Notariat par M. le Garde-des-Sceaux qui réduit à leur juste proportion les imputations, parfois exagérées de la presse, contre cette honorable profession.

tement étranger ; en faisant la part des circonstances, il faut reconnaître aussi, que jadis le cri de la conscience et de l'honneur parlait haut, et qu'on ne se faisait point un jeu du serment prêté, ni des promesses solennellement jurées. Nos pères étaient stationnaires tant que vous le voudrez, mais c'était pourtant avec sagesse ; ils étaient immobiles, mais dans le devoir ; ils étaient arriérés, mais, au regard des folles et téméraires entreprises, ils ne connaissaient à peu près que leur cabinet, leurs clients et leurs actes ; étaient-ils si blâmables de se renfermer ainsi dans leurs attributions ? Vous, leurs successeurs, si peu nombreux que vous soyez, qu'avez-vous gagné à en sortir follement ? La loi vous y fait forcément rentrer aujourd'hui ; mieux aurait valu certainement, ne point nécessiter ces mesures coërcitives.

Il est à remarquer, que dans les prohibitions de cet article 12, l'ordonnance défend de se servir, pour éluder son dispositif, de personnes interposées ou de prête-noms. Ceci est un appel évident à la conscience des Notaires, car il serait bien difficile, en général, de saisir une contravention ainsi déguisée. Mais tous les Notaires s'empresseront de répondre à cette marque de confiance du pouvoir dans la délicatesse et le scrupule de leur for intérieur. Ils tiendront, nous en sommes sûr, à justifier la bonne opinion que cet article semble avoir de leur probité, et ils refuseront, en toute occurrence, de se mêler, par personne interposée, à aucune affaire ou entreprise prohibée. D'ailleurs, l'exécution franche et loyale de l'article précité, est destinée à rendre au jeune Notariat la splendeur et l'éclat de l'ancien, indépendamment de la science bien plus complète qui lui est acquise aujourd'hui. Elle aura pour effet indubitable de le maintenir sur cette ligne honorable, tracée de temps immémorial par nos devanciers, et qui formait le plus glorieux titre de la corporation. Les quelques fâcheux écarts de ces derniers temps, ne semblèrent plus dans l'avenir, et vus de loin, que comme de légers nuages incapables d'obscurcir un tableau, d'ailleurs si rempli d'éclat et d'harmonie.

Quand s'opéra la Révolution française, bien des abus, nous le savons, s'étaient introduits dans le Notariat, des campagnes surtout. Dans plusieurs localités, il vivait de déplacements et d'affaires, traitées au sein des foires et des marchés. Le grand mal était venu des Notaires seigneuriaux qui, généralement sans instruction, resserrés dans une juridiction trop étroite, munis de pouvoirs trop limités, ne pouvaient pas suffire à leur existence et à celle de leur famille, et s'agitaient en tous sens, pour triompher des fâcheux inconvéniens de leur situation. Il n'en doit plus être de même aujourd'hui : chaque emploi fait vivre honorablement son titulaire ; rien ne s'oppose à ce que le Notariat, à l'instar des autres corps sociaux, participe aux progrès civilisateurs de l'époque. Il ne saurait redescendre maintenant vers ces pauvres allures du Notariat féodal qui, avant la Révolution, formule en poche, dressait bravement sur la table du plus bruyant cabaret, des contrats, dont souvent le moindre défaut était le manque de spécialité. A l'égard de ces convenances, rendons justice à notre siècle, il a vraiment progressé. De nos jours et à quelques rares exceptions près, les Notaires savent attendre les affaires dans leurs études, et ils ne comptent, pour les provoquer, que sur la confiance qu'ils s'efforcent de conquérir.

Un Notaire ne doit jamais perdre de vue le but de son institution; juge volontaire préposé à la sanction des nombreuses conventions des hommes, obligé par serment à exécuter les lois et par conscience à ménager soigneusement les intérêts d'autrui, tous ses efforts doivent tendre à opérer le bien, à pacifier les familles, à prévenir la ruine de leurs fortunes et à éloigner d'elles jusqu'à l'ombre des difficultés. Le Notaire est vraiment à l'agriculture, ce que le constructeur est à la marine; l'un et l'autre préparent, affermissent pour l'industrie laborieuse, le champ où elle pourra développer ses ressources fécondes. De la manière dont ils auront l'un et l'autre consolidé leur œuvre, dépendra la réussite ou la ruine du commerçant ou de l'agronome (1). Prenez donc vos précautions, et magistrat intègre et réfléchi, gardez-vous bien de jeter au milieu des familles actives et économes, en échange de leur patrimoine, un objet litigieux qui leur fasse tout

---

(1) En ne signant pas de suite un acte par lui reçu, un Notaire commet une faute grave : il manque à la confiance qu'on lui a témoignée. En effet, il peut être surpris par la mort avant l'accomplissement de la formalité, et priver ainsi les cliens d'un titre authentique sur lequel ils comptaient justement. (Card. de Lugo, disp. 41 , n° 15).

perdre dans un jour, et qui les contraigne à demander à la charité publique, un pain qu'elles n'attendaient que de leurs pénibles et honorables labeurs. En conscience vous répondriez de ces dommages , et pour peu que votre négligence en eût été la cause, vous seriez irrémissiblement tenu à les réparer.

Combien, il faut l'avouer, ne comprennent point les rigoureuses et saintes prescriptions de la conscience, et honteusement voués au seul culte de l'égoïsme et des sens, croient avoir satisfait à tous les devoirs, quand ils ont ou élargi les bornes de leur domaine, ou donné à leurs passions des aliments nouveaux!

Quelquefois, pour ne pas remettre à terminer un différend, à éclaircir ou consacrer les droits naguère litigieux d'une partie, il y aura presque, pour le Notaire, obligation morale de faire, à certains clients, l'avance des droits d'enregistrement. Mais il n'est point convenable que cet incident tout fortuit et tout particulier soit érigé en règle générale , et transformé en véritable moyen de spéculation. Sans doute, et à la rigueur, des intérêts seraient dus au Notaire qui aurait fait pour ses clients des avances de fonds un peu majeurs, et pour un temps assez prolongé (1). Cependant mieux vaut

---

(1) La jurisprudence est divisée à cet égard : trois arrêts de la cour de cass. en date des 30 mars 1830, 11 nov. 1853 et 24 juin 1840, se sont prononcés contre l'exigibilité des intérêts pour le cas qui nous occupe ; tandis qu'un jugement du trib. civ. de la Flèche, daté du 10 juin 1833 , et que deux jugements du trib. civ. de Bourgoin, datés des 23 décembre 1842 et 25 février 1843, considérant le Notaire comme le mandataire né de ses cliens, ont enseigné une doctrine contraire et adopté la disposition de l'art. 2001 du Code civil.

qu'un magistrat s'abstienne de ces placements trop multipliés qui donneraient à l'étude l'apparence d'un bureau d'escompte ou d'une banque et qui lui ôteraient ainsi son principal caractère, autrement honorable, de tribunal volontaire.

Le Notariat gagnera toujours à s'éloigner des spéculations d'intérêt pour se renfermer dans la rigoureuse observation des prescriptions tracées par la loi, prescriptions si remplies de sagesse, puisqu'elles protègent également l'institution et ses membres, contre les chances funestes d'éléments désorganisateurs. Sans nul doute, celui qui veut être respecté, doit se respecter lui-même. S'il se tient continuellement à sa place, s'il accorde à chacun ce qui lui est dû, s'il se montre rigoureux observateur de tous ses devoirs, un tel homme sera environné de l'estime de ses concitoyens, et s'il est revêtu d'un caractère public, la confiance générale lui sera sûrement acquise. Certes, plus qu'à tout autre fonctionnaire, cette confiance est indispensable au Notaire.

Parfois une élection flatteuse l'appellera, comme notable, à faire partie d'un conseil de Fabrique. Mieux que personne, il est à même de veiller à la juste application des nombreux décrets qui régissent cette administration (1). Il doit s'empresser de faire tourner

----

(1) Nous saisissons cette occasion pour solliciter du gouvernement une réforme à l'art. 10 du décret du 30 décembre 1809, et qui le mettrait mieux en harmonie avec l'art. 23 de la loi du 21 mars 1851. Nous demandons que chacune des trois sessions annuelles des conseils de Fabriques puisse durer trois jours. En

à l'avantage de la religion, les connaissances utiles qu'il a puisées dans une longue étude du droit. L'entretien de ces vieux temples, monuments si admirables de la foi et du génie de nos pères (1), et le soutien d'un culte majestueux et consolant, qui répond d'une manière si merveilleuse à tous les besoins du cœur humain, doivent exciter l'ardeur de son zèle; tantôt le vœu public, sanctionné par l'autorité, l'appellera à présider, comme Maire, le conseil de la commune. Cette modeste dignité, dans une commune rurale, ne peut répondre aux rêves extraordinaires de l'ambition, mais elle ira aux goûts simples de l'homme de bien. Souvent elle sera pour lui l'occasion de répandre plus de bienfaits, d'accord avec une autre autorité du village, avec le Curé du lieu, providence des pauvres et que Dieu a placé, dans chaque paroisse, pour veiller au bonheur de l'humanité dans toutes les phases de son existence. S'associant avec ce sage, qui aime à se faire petit avec les petits, contristé avec ceux qui pleurent, gai avec ceux qui se réjouissent, bon et

---

effet, il est difficile de trouver, le dimanche, dans l'intervalle d'un office à l'autre, un espace de temps convenable pour s'occuper des intérêts de la Fabrique. Les Notaires, les Maires, MM. les Curés eux-mêmes ont peu de moments libres ce jour-là. Qu'en résulte-t-il dans la pratique? C'est que très souvent on renvoie au lendemain ou à une autre journée, une délibération dont le procès-verbal portera cependant la date de la veille, date de rigueur aux termes du décret. La modification réclamée ferait donc disparaître les inconvénients et les vices de forme sus-indiqués.

(1) Aujourd'hui le goût des études archéologiques s'est tellement répandu, que nos paroles seront facilement comprises.

compatissant envers tous, que de vertus ne peuvent point faire fleurir, dans une commune, ces deux puissances unies, et que de crimes ne peuvent-elles point en bannir? Sous cette salutaire et connexe autorité, un peuple heureux et sage marche, sans crainte et sans remords, vers le but social et chrétien qui lui est tracé par la Providence même, et les jours ne sont comptés pour lui, que par des biens nombreux et réels traversés de rares infortunes (1).

---

(1) Le peuple le plus heureux n'est pas celui qui possède le plus de lois, mais celui qui en possède de meilleures, et qui, par devoir de conscience, les observe fidèlement. Les meilleures lois sont celles qui souvent ont le moins coûté aux législateurs, et qui, ayant plus de simplicité pratique, ont par-là plus de rapport avec les lois divines. J'ai toujours admis qu'il fallait les mêmes dispositions chez les gouvernants que chez les gouvernés à l'égard des lois : faire venir tout pouvoir d'en-haut, et l'y faire remonter de même ; autrement comprenne qui pourra la hiérarchie des pouvoirs, et la bénévole soumission des masses.

§ 2. — RÉPRESSIONS LÉGALES.

Nous prétendions borner là nos réflexions, au sujet de la dignité notariale et des efforts que les Notaires doivent continuellement faire pour la soutenir intacte, lorsque la considération des infractions, soit aux lois, soit à la morale, que les tribunaux ont été, dans ces derniers temps, appelés à réprimer par voie disciplinaire, nous a fait sentir le besoin d'énumérer les prinpales circonstances de ces répressions. Nous espérons qu'il suffira d'indiquer les endroits faibles de la place et les brèches déjà faites, pour appeler l'attention de ses défenseurs sur les points dangereux et visiblement menacés. D'ailleurs, constater le mal, c'est d'ordinaire en indiquer le remède.

L'action disciplinaire s'exerce contre les Notaires de deux manières; d'abord par les chambres de discipline, et alors cette action prend le titre de discipline intérieure ou de famille, et ensuite par les tribunaux de première instance, sauf l'appel devant les cours royales (1), et, dans ce cas, elle prend le nom de discipline extérieure ou judiciaire.

----

(1) Loi du 25 ventôse an XI, art. 53 ; — Arrêt de la cour de cassation, 29 mai 1841. — C'est en audience publique, et non en la chambre du conseil, qu'il doit être statué sur l'action dis-

Art. 1er.

AMENDES. — DOMMAGES-INTÉRÊTS. — RESPONSABILITÉ
MORALE ET CIVILE. — CENSURE SIMPLE OU AVEC
RÉPRIMANDE. — RAPPEL A L'ORDRE.

1° Le Notaire qui a porté atteinte à la dignité de son caractère, en procédant à des ventes de bien en détail, à la suite ou au milieu de distributions de vins, se rend passible de peines de discipline intérieure (1).

2° Un Notaire est responsable des sommes d'argent

---

ciplinaire dirigée contre un Notaire. (Cour de cassation, 6 janvier et 14 août 1835 ; — Décision de M. le garde des sceaux, 22 décembre 1835 ; — Arrêt contraire, cour de cassation, chambre des requêtes, 20 avril 1842 *.) — Il est de jurisprudence certaine que les Notaires ne peuvent être poursuivis disciplinairement que dans la forme prescrite par l'art. 53 de la loi de l'an XI, et non dans celle ordonnée, pour les officiers ministériels, par les articles 102 et 103 du décret du 30 mars 1808.

Il est de même constant que le pouvoir disciplinaire des tribunaux contre les Notaires embrasse, dans son immense juridiction, la généralité des faits et actes qui peuvent être reprochés à ces fonctionnaires tant dans leur exercice, qu'en dehors même de cet exercice.

Le 8 avril 1845, il avait été statué par la cour de cassation, chambre civile, que les peines de *discipline intérieure*, réservées par la loi aux chambres de discipline des Notaires pouvaient être appliquées par les tribunaux, mais seulement par voie d'atténuation. Ce système n'a pas été admis par la cour royale d'Amiens (14 avril 1845), par le tribunal de Schlestadt (18 novembre 1844), ni par le tribunal du Mans (3 janvier 1846).

Les condamnations prononcées en audience publique, contre des Notaires en matière disciplinaire, échappent au doit de révision accordé au ministre de la justice ; elles ne peuvent être attaquées que par la voie de l'appel et du recours en cassation.

(1) Cour royale de Metz, 9 octobre 1844 et 2 juin 1845.

* La chambre des vacations du tribunal civil est compétente pour prononcer la destitution d'un Notaire. (C. de Rennes, 7 janvier 1839.)

reçues par ses clercs, pour souscription annoncée dans son étude et déja en train depuis deux ans (1).

3° Est passible de dommages-intérêts envers ses confrères , et , indépendamment des peines disciplinaires, le Notaire qui, à l'occasion des foires et marchés, ouvre une étude dans un lieu autre que sa résidence (2).

4° Un Notaire est responsable vis-à-vis d'un prêteur qui s'en rapporte à lui, pour les conventions à faire avec le débiteur, devenu depuis insolvable(3). Même responsabilité appliquée au Notaire qui, s'étant spontanément interposé pour un placement de fonds, avait négligé de vérifier les garanties hypothécaires fournies, et bien qu'il ait mis en présence le prêteur et l'emprunteur (4).

Un des considérans porte : « Attendu que le Notaire B... est responsable envers P... d'une faute grave, pour ne s'être pas plus exactement assuré de la solvabilité des emprunteurs , et pour n'avoir pas exigé la représentation des titres de propriété des biens donnés en hypothèques. »

5° La dignité , dans l'exercice de ses fonctions, doit toujours accompagner un Notaire ; ainsi la peine de la

---

(1) Cour royale de Besançon , 20 août 1823 ; arrêt confirm. de la cour de cass. , chambre des req., 2 décembre 1824.

(2) Cour de cassation , chambre civile , 11 janvier 1841.

(3) Jugement du tribunal de Dreux, 4 avril 1844, confirmé par arrêt de la cour royale de Paris, 21 janvier 1845.

(4) Cour de cassation , chambre civile , 19 mars 1845.

censure lui est justement applicable, lorsqu'après avoir retenu un acte authentique, il en détruit immédiatement l'effet au moyen d'une contre-lettre dressée à la demande des parties (1).

« Considérant, dit le tribunal, que le ministère du Notaire est un ministère de vérité, que la nature de ses fonctions lui impose le devoir de ne jamais constater que des conventions réelles; que l'authenticité attachée à ses actes doit être pour chacun une garantie de la sincérité de ce qui s'y trouve stipulé; mais que cette garantie disparaît, du moment où le Notaire se prêtant à des pactisations secrètes, concourant à la fraude que les parties cherchent à exercer, prête son expérience et sa plume à des actes sous-seings privés tendant à détruire ce qu'il vient lui-même de proclamer, dans un acte authentique, comme étant la volonté des contractants, et le résultat de leurs conventions librement consenties; qu'ainsi, en rédigeant la contre-lettre dont s'agit, le Notaire D. ... a manqué aux devoirs de sa profession, et compromis la confiance dont l'institution du Notariat est si justement entourée. »

Ces principes, si sagement et si noblement formulés, honorent autant le tribunal de Schelestadt, que le Notariat qu'ils ont pour objet.

6° Le Notaire qui continue à se livrer à des spéculations industrielles, nonobstant l'injonction à lui faite

____

(1) Tribunal de Schlestadt, 18 novembre 1844.

de s'en abstenir, encourt la peine de la censure (1).

7° La dissimulation dans le prix de cession d'études, entraîne, contre les Notaires, la peine de la censure et du rappel à l'ordre (2); ou la peine de la censure avec réprimande (3).

8° Même peine est encourue par le Notaire qui a placé, en son nom personnel, et à titre de prêt, des fonds appartenant à ses clients (4).

9° Même peine applicable au Notaire, qui a reçu plusieurs actes de prêts usuraires (5).

10° Les Notaires qui manquent d'assister à l'assemblée annuelle du 1er mai, ayant pour but le renouvellement de la chambre de discipline, encourent la peine du rappel à l'ordre et la condamnation aux frais de l'instance (6).

Art. 2.

SUSPENSION DES FONCTIONS DE NOTAIRE. (7)

1° L'infraction aux devoirs moraux est d'une gravité première, au sujet d'un fonctionnaire public, sur-

---

(1) Tribunal civil de Quimper, 31 octobre 1844.
(2) C. Rennes, 1er avril 1840.
(3) C. Rouen, 27 mai 1845.
(4) Trib. civ. du Mans, 3 janvier 1846.
(5) C. roy. Caen, 15 décembre 1828 ; cet arrêt s'est écarté de la décision de la chambre de discipline, qui demandait la suspension.
(6) C. roy. Bourges, 23 juillet 1827; trib. de Tulle, 31 mai 1843.
(7) Le jugement de suspension des fonctions de Notaire doit en limiter la durée. (Arrêt de la C. de Montpellier, 25 février 1833.)

tout considéré du point de vue où nous sommes placés. Ainsi l'a très bien compris la cour royale de Bordeaux (1), qui as uspendu un Notaire de ses fonctions, pendant deux années, pour s'être rendu coupable d'un délit blessant les bonnes mœurs, mais ne portant aucune atteinte à la probité notariale. Cet arrêt réformait une décision du tribunal de Libourne (2), qui ordonnait la destitution.

« Attendu, dit la cour royale, que si le délit commis par V. L...., blesse les bonnes mœurs et doit affaiblir la confiance et la considération dont un Notaire doit être investi, il ne porte pas atteinte à sa probité dans l'exercice de ses fonctions; que la justice peut user, dans cette circonstance, de la latitude qui lui est donnée par l'art. 53 de la loi de l'an XI, et se borner à prononcer une suspension temporaire, etc. »

2° Le Notaire qui s'est absenté depuis long-temps de sa résidence, qui, par sa négligence, a occasionné la perte d'une de ses minutes et qui, enfin, s'est rendu coupable de faits de nature à le compromettre, tant comme fonctionnaire, que commme particulier, encourt la suspension de dix années (3).

3° Est passible de la suspension de trois années (4), le Notaire coupable des faits d'indélicatesse ci-après :
1° de s'être servi de prête-noms, pour retenir des

---

(1) Arrêt du 6 juin 1833.
(2) Jugement du 1er mars 1833.
(3) C. de Montpellier, 25 février 1833.
(4) C. de Paris, 1re ch.. 14 décembre 1844.

actes qui lui étaient personnels ; 2° de s'être attaché des clients, en leur faisant plusieurs avances de fonds; d'avoir vendu leurs biens et refusé un réglement pour mieux les retenir sous sa dépendance; 3° d'avoir fait signer en blanc un acte de donation-partage; 4° d'avoir fait procéder par son clerc, et hors sa présence, à une vente de biens par adjudication, etc.

4° Le Notaire qui a mis un grand désordre dans ses affaires financières, par suite de spéculations étrangères au Notariat, et a même subi des condamnations avec contrainte par corps, encourt la suspension de deux années (1).

5° Se rend applicable de la suspension d'une année, le Notaire qui a procédé hors de son ressort à la lecture d'un acte, et y a reçu la signature des parties, bien que lui-même n'ait signé cet acte que dans son étude (2).

6° Le Notaire qui, dans le but de se soustraire à l'action de ses créanciers, aliène, par acte sous-seing privé, l'universalité de son mobilier, et retient, en vertu d'un bail fait sans déplacement, la possession , de ce même mobilier, peut être suspendu pendant trois mois de ses fonctions (3).

La décision de la cour d'Amiens, ne nous semble point ici trop fortement répressive en présence des circonstances de fraude et de simulation qui se ren-

---

(1) C. de Toulouse , 13 juin 1836.
(2) Trib. de Roanne, 5 décembre 1844.
(3) C. roy. d'Amiens , 30 mars 1821.

contraient dans la cause. Un des considérans de l'arrêt mérite d'être cité :

« Considérant qu'en indiquant quelques-uns des cas dans lesquels la destitution sera prononcée, cette même loi n'a pas entendu mettre les Notaires à l'abri des condamnations plus ou moins sévères qu'ils auraient pu encourir par des actes contraires à la probité et à la délicatesse dont ils se seraient rendus coupables, soit dans l'exercice, soit même hors de l'exercice de leurs fonctions. »

7° Un abus de confiance manifeste d'un Notaire, n'ayant donné aucune prise à un tribunal de police correctionnelle, parce que l'action était couverte par la prescription, le fonctionnaire a pu néanmoins être poursuivi disciplinairement et suspendu de ses fonctions (1).

Sur l'appel du Notaire, rej. de la cour de cass., sect. des req.

« Attendu, dit la Cour suprême, que les actes et jugemements de discipline sont indépendants des actions publiques et pénales, que si celles-ci, sujettes à péremption, se trouvent éteintes par la prescription qui en interdit la poursuite, il n'en résulte pas que le renvoi de la plainte en police correctionnelle, porté contre le Notaire (parce que le délit dont il aurait été prévenu, aurait été prescrit par le laps de 3 années), ait dû avoir quelque influence pour effacer le fait subsistant de la violation des devoirs de sa profession,

____

(1) C. roy. d'Orléans, 15 janvier 1823.

toujours demeuré soumis à la juridiction disciplinaire, destinée à réprimer les fautes des fonctionnaires que la loi a placés sous une surveillance spéciale et exceptionnelle. »

8° Il semblerait, à la première vue, que la culpabilité de fait que nous allons rapporter, fut peu appréciable en elle-même ; cependant cette culpabilité ressort de l'intérêt particulier préféré à l'intérêt d'autrui, dont les Notaires doivent toujours se montrer les infatigables défenseurs.

Un Notaire ayant fait précéder une vente volontaire, mais publique, de biens immeubles de l'adjudication préparatoire, a été suspendu de ses fonctions pendant deux mois (1).

«Attendu, dit le jugement, qu'il y a incontestablement abus de la part d'un Notaire, de recourir, depuis la loi du 20 juin 1841, à ce mode d'adjudication, qui n'a d'autre résultat que d'induire les intéressés dans des dépenses inutiles, et de procurer au Notaire des émoluments. »

9° La peine de la suspension, pendant deux mois, est encore applicable à un Notaire pour inexécution d'un engagement privé et étranger à ses fonctions (2). Sur l'appel, la cour royale de Paris (3) a confirmé le jugement ; voici un de ses motifs :

(1) Trib. civ. de Sarreguemines , 14 juillet 1845.

(2) Trib. civ. d'Arcis-sur-Aube , 15 mars 1838.

(3) 26 mars 1839. — L'arrêt ordonne la publication du jugement à 25 exemplaires.

« Considérant, que non-seulement un Notaire doit remplir avec probité les fonctions qui lui sont confiées par la loi, mais encore qu'il est investi d'un caractère public, aux devoirs et à la délicatesse *duquel il ne doit jamais manquer même dans les actes de sa vie privée*, et que l'appréciation de ces actes est abandonnée aux tribunaux, agissant par voie disciplinaire. »

La *Gazette des Tribunaux* critique à tort, selon nous, le dispositif de cet arrêt. Comment saurions-nous le trouver extraordinaire, en présence de l'exposé des motifs de la loi organisatrice du Notariat, qui exige, pour les Notaires, un *Code pénal plus sévère*, un *tribunal plus austère que pour le commun des hommes.*

10° Se rend passible de la peine de suspension, pendant un mois, le Notaire qui, au moyen d'un prête-nom, retient un acte d'obligation à son profit (1).

11° Encourt la peine de suspension, pendant 20 jours, le Notaire qui a remplacé un blanc dans un acte par une barre ou trait de plume approuvé hors la présence des parties (2).

12° S'expose à la même peine pendant 10 jours, le Notaire qui s'est livré à des spéculations sur l'achat et la revente des biens immeubles (3).

13° Encourt la suspension pendant 15 jours, le Notaire coupable d'avoir entravé la liberté des enchères

------

(1) Trib. de Chinon, 7 octobre 1845.
(2) C. de Rennes, 14 juillet 1845.
(3) C. de Nimes, 28 juillet 1845.

dans une vente publique et qui, pour ce fait, avait déjà été condamné en police correctionnelle (1).

14° Suspension de 8 jours, infligée à un Notaire qui s'est fait suppléer par son clerc dans deux ventes mobilières et immobilières (2).

15° Même peine, de semblable durée, encourue par un Notaire qui avait trop complaisamment prêté sa signature à un confrère suspendu de ses fonctions (3).

16° Le Notaire qui dissimule une forte partie du prix de son étude, encourt la suspension pendant cinq mois (4); même peine, pendant trois jours, pour dissimulation d'une plus faible portion de prix (5).

17° Cette doctrine, qu'un Notaire peut être poursuivi disciplinairement à raison d'actes étrangers à l'exercice de sa profession et notamment de faits d'hostilité contre le gouvernement, a été professée par la cour royale d'Agen (6). Bien qu'acquitté par la cour d'assises et le tribunal de police correctionnelle, le Notaire n'en demeurait pas moins, a dit la cour, sous le coup des peines disciplinaires, en sa qualité d'officier public.

---

(1) Trib. de Mâcon, 13 novembre 1844.
(2) Trib. de Béthune, 15 janvier 1846.
(3) Trib. de Lure, 23 mai 1846.
(4) C. de Rennes, 25 juin 1845.
(5) Trib. de Roanne, 5 août 1845.
(6) 18 janvier 1842.

Art. 3.

PEINE DE DESTITUTION (1).

La jurisprudence des arrêts, enseigne unanimement que l'action disciplinaire des tribunaux, ne saurait jamais être enchaînée par la répression des crimes et délits de la part des cours d'assises ou des tribunaux de police correctionnelle, de même que par le verdict d'acquittement émané des mêmes tribunaux (2).

Dominé par ces principes qui , d'abord, semblent bien rigoureux, mais qui, sous la main prudente de la justice, deviennent pour la société et pour l'institution du Notariat elle-même, une véritable sauve-garde, nous allons aborder la plus terrible des peines disciplinaires.

Cette peine de la destitution est encourue : 1° par un Notaire, pour avoir altéré plusieurs actes (quatorze) par lui reçus, dans le but d'amoindrir les droits d'enregistrement dus par les parties (3).

_____

(1) Le Notaire condamné à la réclusion, ou à toute autre peine emportant la dégradation civique, demeure destitué de plein droit de ses fonctions. (Instruction de M. le garde des sceaux.) Le Notaire destitué perd , avec le droit de présenter un successeur, celui de disposer de ses minutes. (Jugement du tribunal de l'Argentière, 31 mai 1844).

(2) « L'action disciplinaire peut tantôt saisir certains actes immoraux contre lesquels le code pénal est muet et impuissant, tantôt se superposer à l'action publique pour joindre les peines disciplinaires aux peines corporelles ou à d'autres déterminées par la loi. . . . . » (C. cass., 23 avril 1839.)

(3) Trib. d'Auxerre , 28 janvier 1824 ; — Arrêt confirmé par la c. roy. de Paris , 25 mai 1824 ; rej. du pourv., c. cass., sect. req., 13 janvier 1825.

2° Par le Notaire qui, après avoir été l'objet de trois poursuites pour crime de faux, est convaincu du délit habituel d'usure (1); un considérant de l'arrêt consacre à ce sujet le pouvoir discrétionnaire des tribunaux pour la destitution des Notaires et sans qu'au préalable, ils soient tenus à prendre l'avis des chambres de discipline.

« Attendu, dit la cour de Bordeaux, que l'art. 53 de la loi du 25 ventôse an XI, qui autorise le ministère public à poursuivre d'office la destitution d'un Notaire, n'oblige pas à le citer préalablement devant la chambre de discipline ; que les articles 6, 16 et 26 de la même loi, ne limitent point aux cas qu'ils expriment, ceux où la destitution d'un Notaire peut être légalement prononcée ; qu'il résulte, au contraire, des termes généraux de l'art. 23, que les tribunaux ont, à cet égard, un pouvoir discrétionnaire. »

3° Par le Notaire coupable de banqueroute frauduleuse (2).

4° Par un Notaire acquitté d'une accusation de faux devant la cour d'assises ; attendu que les poursuites criminelles sont tout-à-fait indépendantes des poursuites disciplinaires.

Cette destitution est venue atteindre l'officier-public, alors qu'il avait donné sa démission en faveur de son fils (3).

---

(1) C. roy. de Bordeaux, 3 décembre 1827.
(2) C. roy. de Paris, 5 décembre 1831.
(3) C. roy. de Nîmes, 19 juillet 1836 ; — Confirm. c. cass., ch. des req., 12 avril 1837 ; — C. cass., 29 décembre 1836.

5° Par le Notaire accusé de faux en écriture publique et contre lequel une ordonnance de la chambre du conseil avait déclaré qu'il n'y avait point lieu de suivre criminellement (1).

6° Par le Notaire acquitté en cour d'assises, attendu que la non-culpabilité déclarée n'exclut pas l'existence des faits matériels (2).

« Attendu, dit le jugement, que ces faits constituent de la part de L..., des manquemens graves aux devoirs de Notaire et aux principes d'honneur et d'intégrité dont il est si essentiel d'assurer le maintien dans l'exercice de cette profession;

» Attendu que la prescription décennale établie par l'art. 637 du Code d'instruction criminelle n'est relative qu'à l'action publique criminelle et n'est nullement applicable à l'action disciplinaire qui, ayant pour objet de veiller à ce que le dépôt des fonctions publiques ne soit confié qu'à des *mains pures*, doit pouvoir s'exercer, par le but même de son institution, sur tous les actes des officiers publics, sans que ceux-ci puissent se mettre à l'abri sous la protection du temps, qui ne relève jamais des forfaitures à l'honneur.»

7° Par le Notaire, acquitté en cour d'assises pour le fait d'avoir dissimulé ou falsifié le montant de plusieurs actes pour amoindrir les droits d'enregistrement qu'il s'était néanmoins fait remettre intégralement par les

---

(1) Trib. de Mayenne, 12 décembre 1857.

(2) C. roy. de Limoges, 21 juin 1838; — Confirm. c. cass. 23 avril 1839; — C. roy. d'Agen, 18 janvier 1842.

parties et en raison des valeurs réelles desdits contrats (1).

8° Par le Notaire qui recevrait habituellement des actes de prêts, dans un intérêt personnel, sous le nom
de son clerc, et dans l'étude duquel un mouvement
considérable de fonds avait mis un complet désordre (2).

9° Par le Notaire, coupable de s'être livré à des
actes de commerce qui avaient dérangé ses affaires,
et d'avoir commis plusieurs abus de confiance, enfin
de s'être enfui laissant le plus grand désordre dans
son étude (3).

10° Par le Notaire, tombé en déconfiture, par suite
de dépenses de luxe excessives, et coupable d'avoir
détourné un dépôt de 5,000 fr. (4).

11° Par le Notaire qui s'associe avec une tierce-
personne, pour l'exploitation de son office et se livre,
soit directement, soit par voie d'association, à des
opérations commerciales ou industrielles (5).

12° Par le Notaire qui, au mépris de la suspension
prononcée contre lui, continue à recevoir des actes
qu'il fait signer par un confrère (6); par celui qui,
dans l'acquisition de son office, dissimule une forte

---

(1) C. de Poitiers, 1re ch., 20 février 1845.
(2) Trib. de Laon, 29 octobre 1838.
(3) Trib. de Nantes, 28 avril 1845.
(4) C. de Paris, 1re ch., 10 novembre 1845.
(5) Trib. de Nantes, 15 avril 1845.
(6) Trib. de Lure, 23 mai 1846.

partie du prix (1); par celui encore qui , en vendant son office, emploie des manœuvres frauduleuses pour accroître, aux yeux du cessionnaire, le produit de l'étude (2).

---

(1) C. de Nîmes , 20 août 1840.

(2) C. cass., ch. crim., 13 août 1842 ; — *Idem*, 25 février 1843. Par suite du premier de ces arrêts, l'art. 405 du Code pénal est applicable au Notaire pour le cas précité.

§ 3. — RAPPORTS DES NOTAIRES ENTRE EUX.

Si, comme nous nous sommes efforcé de le démontrer, le ministère notarial est un ministère de conciliation et d'ordre; s'il tend à rapprocher les citoyens et à maintenir parmi eux la paix et l'harmonie, de quels sentiments de bienveillance ne doit-il pas animer, les uns envers les autres, ceux qui en sont revêtus! Il est communément vrai, pourtant, que la même profession exercée par deux ou trois personnes d'une même localité, bien loin de les réunir dans une touchante et cordiale fraternité, ne fait d'ordinaire que les diviser. La jalousie sème parmi eux de continuels ferments de discorde. Il n'en devait point être ainsi du temps de nos bons aïeux, car les noms de confrères qu'ils nous ont transmis, noms qui se rattachaient effectivement, dans le moyen-âge, à des confréries, à des corporations qui, tantôt sous l'aile de la religion, accomplissaient ensemble des prescriptions pieuses à certains jours de fête (1), et tantôt dans des réunions

---

(1) Le Notariat, comme les professions d'avocats et de procureurs (avoués), reconnaissaient jadis saint Yves pour leur patron. Au XIIIe siècle, le saint remplit à Rennes la place d'official : tel il avait été à Paris, dans le cours de ses études de philosophie,

toutes spéciales, traitaient d'intérêts de corps (1), ou même prenaient part à certains banquets de famille que la morale ne désapprouvait point.

Nos mœurs se sont aujourd'hui véritablement adoucies et dorées à l'extérieur, mais en sont-elles devenues plus pures qu'au moyen-âge? Nous aurions souvent le droit d'en douter. Le moyen-âge, dit-on partout et toujours, était barbare, soit. Mais ne présente-t-il aucun titre à notre reconnaissance? C'est lui qui a préservé, par les croisades, l'Europe de l'invasion du mahométisme, le plus abrutissant des cultes; qui a sauvé la littérature en l'abritant et la réchauffant, durant des jours de ténèbres et de destruction, au sein des cloîtres, et, chose étonnante! par ses innombrables et ravissans édifices religieux, modèles de goût et de piété éclairée, types incontestables du génie le plus

---

de droit et de théologie, tel il se montra en Bretagne dans l'exercice de ses graves et honorables fonctions, d'une piété et d'une sagesse exemplaires. Digne élève du fameux Guillaume de Blaye, sous lequel il avait étudié les *Décrétales*, et de Pierre de la Chapelle, qui lui avait expliqué les *Institutes*, il associa toujours, dans la pratique de la judicature, la vertu au savoir. Après avoir été élevé au sacerdoce, et en avoir rempli dignement le saint ministère, il mourut, le 19 mai 1303, à l'âge de cinquante ans. Saint Yves fut canonisé sous le pontificat de Clément VI, en 1347. Sa fête se célèbre encore en Bretagne le 19 mai.

(1) Sous l'ancienne législation, les Notaires étaient dans l'usage de faire eux-mêmes leurs statuts, qui étaient soumis à l'homologation des tribunaux. On connaît notamment les statuts des Notaires de Paris, rédigés en 1679, et homologués par arrêt du parlement du 15 mai 1681; c'est en présence de cet usage que fut promulguée la loi organisatrice du Notariat, et, comme le porte l'exposé des motifs, le législateur a *rendu* à l'institution des Notaires l'établissement salutaire des chambres de discipline.

grandiose et le plus sublime, il a jeté à la tête des siècles, qui devaient ainsi venir l'outrager plus tard , le plus ironique défi qu'il soit possible d'imaginer.

Et nous, si fiers de nos progrès dans les sciences et les arts, quels monuments préparons-nous donc aujourd'hui pour les siècles à venir dans le cas où il leur prendrait envie de nous taxer aussi d'égoïsme, de duplicité, d'infraction continuelle aux engagements contractés et de tant d'autres défauts qui sont réellement le partage de l'époque? De longs chemins de fer, de vastes canaux, des routes stratégiques; toutes œuvres purement industrielles ! L'agiotage s'en réjouit ; mais si le génie bat des mains, le saurait-il faire sans réserve, et la morale n'aura-t-elle aucun blâme à infliger à ce siècle ?

Quoiqu'il en soit, au Notariat de notre temps il appartient de donner en toute rencontre, l'exemple de l'union et des relations les plus intimes entre les divers membres de cette grande famille. Conseillant tous les jours à leurs clients l'accord et l'oubli des injures, le respect le plus absolu pour les engagements contractés, n'est-il pas conséquent qu'il se signale lui-même pour la pratique constante de ces vertus? Rien n'est plus inconvenant, à notre avis, que d'entendre un Notaire déprécier en public la conduite ou les écrits de son confrère et de chercher ainsi à se faire indignement valoir aux dépens d'autrui. Mais nous n'avons certes pas lieu de craindre qu'un pain ainsi ramassé dans la boue, devienne de nos jours, l'aliment général des divers membres du Notariat.

CHAPITRE VII.

—

Notions en apparence étrangères au Notariat, mais qu'il importe essentiellement à un Notaire d'acquérir, afin de ne point compromettre les intérêts de ses Clients.

Ainsi que nous l'avons précédemment exposé, un Notaire est tenu en conscience, de surveiller les intérêts de tous ses clients.

De là découle nécessairement pour ce fonctionnaire l'obligation de s'instruire à fond des dispositions des lois, décrets et ordonnances qui touchent de près ou de loin à sa profession ; ainsi les lois qui régissent l'enregistrement (1) et les hypothèques et qui, de

---

(1) Le contrôle établi par édit de 1581, sous le règne de Henri III, a été prescrit, pour les actes notariés, par les édits de 1635, 1693, 1698 et 1722. La loi du 19 décembre 1790 a aboli le contrôle et créé l'enregistrement. Ce qui distingue essentiellement ces deux formalités, c'est que le contrôle donnait une date certaine aux actes notariés, surtout quant au rang d'hypothèque, et qu'il n'en est plus ainsi de l'enregistrement, dont la formalité, purement fiscale, ne saurait produire ces effets.

prime abord, sembleraient intéresser plutôt les parties que le Notaire lui-même, sont réellement d'une importance bien plus réelle et plus majeure pour celui-ci.

Nous allons traiter d'abord de l'enregistrement : cette branche de fiscalité est d'une vaste étendue et d'une difficile application dans la pratique, à cause de la multiplicité des conventions et des formes toutes nouvelles, qu'elles peuvent à chaque instant revêtir, sous l'empire fécond et progressif de la volonté humaine. Comment le Notaire, étranger à l'économie de la législation capricieuse de l'enregistrement, pourra-t-il calculer la quotité exacte du droit auquel telle ou telle clause donnera ouverture ? Il doit nécessairement, chaque fois qu'une convention lui est soumise par les parties, savoir d'abord si elle est permise par la loi, et en second lieu de quel droit d'enregistrement elle est passible. Autrement il compromettrait, à chaque instant, les intérêts de ses clients ou plutôt les siens, puisqu'il serait tenu, au for intérieur, de réparer les nombreux dommages que son inscience aurait occasionnés. Mieux vaudrait alors qu'il déposât entre des mains plus expérimentées que les siennes, un fardeau qu'il serait incapable de soutenir. Nous savons pourtant qu'il est de ces questions d'enregistrement ardues, difficiles à résoudre, et au sujet desquelles il y a controverse. Dans ce cas le Notaire a, comme le receveur de l'enregistrement, son système à part, l'un ou l'autre prévaut. Cependant si l'opinion du Notaire, paraissant appuyée sur des motifs plausibles, n'a point été suivie, un recours lui est ouvert. Il peut, il doit même réclamer administrativement d'abord, et judiciairement ensuite contre la perception. Une copie informe de la clause de l'acte qui a donné lieu à l'application du droit contesté, est adressé au directeur de l'enregistrement accompagnée d'une pétition (1), établissant les motifs de la réclamation. Si le Notaire, en effet, a dû donner ses soins à ce que, sans déranger l'harmonie des conventions souscrites devant lui, elles fussent pourtant assujéties aux moindres droits possibles d'enregistrement, il doit aussi, après la perception, faire tous ses efforts pour que le trop perçu soit promptement restitué. Mais il doit être l'ennemi déclaré de ces soustractions de sommes et valeurs dans les actes translatifs de propriété, uniquement faites pour amoindrir la perception des droits. Il naît de cette méthode vicieuse, et sans compter son injustice réelle et palpable (2), une foule d'inconvénients

---

(1) Il est fâcheux que le gouvernement ait assujéti cette pétition au droit de timbre *. La justice de la défense, si légitime au cas d'attaque même par un plus puissant que nous, réclame l'abolition de ces entraves, qui ont trop l'apparence de la partialité.

(2) Relativement à cette manière d'agir, et pour tranquilliser sans doute sa conscience sur les injustices trop certaines que l'on commet, on professe, en général, une singulière doctrine : « L'état est assez riche, dit-on, il ne s'apercevra point d'un déficit de 20, 30, 100 ou 200 fr. sur l'enregistrement de cet acte. » Ceci est pourtant loin d'être exact. Le gouvernement a son budget, voté chaque année, des recettes et des dépenses ; l'actif doit couvrir le passif. Or, si Paul, qui devait coopérer à la recette de l'état en versant 20, 30, 100 ou 200 fr. dans la

* Le timbre a été établi en France, par une déclaration du Roi du 19 mars 1673.

qu'il est bon de signaler aux parties : difficultés entre les époux pour l'exactitude du remploi ultérieur, difficultés lors des partages et des rapports, appréhension d'une demande en lésion, crainte de la surenchère de la part des créanciers du vendeur, et mille autres incidents fâcheux qu'il serait trop long d'énumérer ici.

Ce n'est donc point à ces dissimulations de prix, qu'un Notaire sage et éclairé viendra demander une réduction de droits d'enregistrement, mais bien à une intelligente et perspicace rédaction et disposition des clauses que l'inexpérience et l'inhabileté toute naturelle des clients, présentait sous une forme trop féconde en application de droits. Encore ne convient-il point, pour atteindre ce but, de torturer et contourner les phrases, de manière à s'écarter d'un sens naturel et droit; car le premier mérite d'un écrit est sa lucidité. Pour arriver au point désirable, il convient qu'un Notaire soit au courant des décisions administratives et judiciaires relatives à l'enregistrement; il devra donc lire un journal dont la spécialité lui ser-

---

caisse de l'enregistrement (*contribut. indir.*), s'en dispense au moyen d'un injuste subterfuge, ou d'une déclaration mensongère, l'état perdra-t-il ce chiffre et en diminuera-t-il d'autant ses dépenses ? Oh ! non, sans doute ! Il adviendra donc alors que les concitoyens de Paul paieront forcément pour lui ; car la recette présumée ne se comblant point au moyen des impôts indirects, on aura recours aux contributions directes ; elles seront frappées d'augmentation. En définitive, ce n'est donc point dans la caisse de l'état, mais bien dans la poche de ses concitoyens que puise celui qui frustre le gouvernement des droits qui lui reviennent ; et ces considérations s'appliquent non seulement à l'enregistrement, mais encore à toute autre branche d'impôt indirect.

vira de guide, relativement aux diverses questions
épineuses de la science que la jurisprudence exa-
mine et résout chaque jour.

Quant aux hypothèques, le Notaire doit être le juge
des circonstances où il importe que tel ou tel acte re-
çoive la formalité. Nous avons vu quelques Notaires
attendre, pour faire procéder à l'inscription d'une hypothèque consentie pour la sûreté d'un prêt ou d'un
cautionnement, que les parties leur en adressassent la
demande, c'était une faute; car dans l'intervalle, d'autres inscriptions pouvaient avoir eu lieu et compromettre ainsi la position du client arriéré; celui-ci en
étant victime, aurait eu des reproches bien fondés à
adresser à son Notaire. Qui décidera des cas où les
actes, étant de nature à être transcrits au bureau des
hypothèques, il convient de faire promptement remplir cette formalité? Le Notaire seul ne sera-t-il pas
apte à appliquer ici la loi comme dans toute autre circonstance analogue, et devra-t-il laisser à la décision
inexpérimentée d'un client, l'application pratique des
prescriptions nombreuses et difficiles de notre code
hypothécaire (1)? Les priviléges forment un chapitre

----

(1) Beaucoup de bons esprits ont senti depuis long-temps l'urgente nécessité de réformer la législation hypothécaire (*).
Quelques jurisconsultes ont publié, à ce sujet, leurs réflexions
plus ou moins profondes. Un des graves inconvénients de la loi
actuelle, est sans contredit la dispense de publicité de certaines
hypothèques, dites légales. Nos lois, comme nous l'avons déjà
insinué, se sont continuellement efforcées de donner aux im-

(*) Voir *De la réforme du régime hypothécaire*, 1 vol. in-8°, par de Saint-Maixent.
C'était une réponse au concours ouvert par Casimir Périer, alors ministre, sur la question de
savoir quelles améliorations pourraient être apportées dans notre régime hypothécaire.
Voir *Mémoire sur le régime hypothécaire*, par Savin, avocat, in-8°.

très-important de ce code, et souvent ils s'éteignent au détriment des privilégiés, faute d'avoir été rendus publics par l'inscription. Les Notaires doivent donc veiller à l'accomplissement de cette formalité, lors qu'elle doit être requise.

---

meubles un caractère de divisibilité et par suite, de transmissibilité incessante, réellement plus favorable au fisc qu'à la fortune privée des citoyens ; pourquoi donc le code hypothécaire a-t-il opposé à ce mouvement une entrave puissante, quelquefois ruineuse ? Mettre en harmonie d'action les diverses lois d'un empire, n'est pas une des moindres tâches d'un législateur sage et consommé.

A côté de ces hypothèques légales si privilégiées, il en existe d'autres soumises à tant de conditions d'existence, qu'elles semblent frappées d'une sorte de réprobation légale. Pourquoi, par exemple, la rente perpétuelle créée sur particuliers, redoute-t-elle simultanément 1° la prescription décennale de son inscription ; 2° la prescription quinquennale de ses arrérages ; 3° et la prescription trentenaire de son titre constitutif ? Quelle foule d'embarras surtout pour les petits rentiers ; y aurait-il un grand inconvénient à ce qu'une fois prise, l'inscription eût la même durée que le titre de la rente ?

CHAPITRE VIII.

—

DE LA PATENTE (1).

Après les hautes considérations qu'on vient de lire, sera-t-on surpris que nous soyons des adversaires ir- réconciliables de l'impôt de la patente appliqué au Notariat? Cet impôt affecte d'une manière spéciale les opérations industrielles de toute sorte, et certes il n'est point dans nos habitudes, il ne saurait entrer dans notre plan, de considérer l'importante profession de Notaire, cette magistrature paternelle et conciliante, judicature volontaire et d'élection, comme une simple profession mercantile. Nous ignorons comment il peut

---

(1) Les professions libérales ont été exclues de la loi sur les patentes, votée par les chambres en 1844; mais dans deux au- tres projets de lois successivement présentés à la législature, . dans les sessions de 1834 et 1835, le gouvernement proposait de soumettre les Notaires à la patente. Le rapport de la commis- sion sur le projet de 1835, lu à la chambre des députés, le 6 avril, évaluait à 726,250 fr. cet impôt de la patente appliqué au Notariat. Pour le cas où ces prétentions fiscales seraient un jour illogiquement reproduites, nous maintenons les motifs qui, d'a- près nous, militent si victorieusement contre leur adoption.

même venir à la pensée de quelqu'un, de confondre,
avec le produit d'une industrie quelconque, les sages
conseils, les avis donnés par un Notaire, ou bien les
articles rédigés avec soin, tantôt d'une transaction,
tantôt d'un contrat de mariage ou d'une liquidation
de communauté, bien plus encore les paroles sacrées
d'un mourant, recueillies et consignées dans un testament public. Osera-t-on soutenir qu'il y a pleine analogie
entre ces divers faits et les opérations essentiellement
manuelles et mercantiles d'un manufacturier, recommandable d'ailleurs, et dont nous ne cherchons point
à rabaisser le mérite, qui aura livré à la consommation de nombreuses étoffes ou des tissus quelconques.

De prime abord, l'esprit le moins exercé sentira
qu'il n'est point de corrélation possible entre les faits
précités, qu'ils sont au contraire dans des conditions
tout-à-fait opposées ; alors, pourquoi voudrait-on confondre dans une même classification d'impôts, des professions dont les produits sont si hétérogènes?

Les actes de commerce sont en général assez faciles
à définir. Dans ce cas, le négociant énonce sa patente,
soit dans les actes civils, soit dans les actes extra-ju-
diciaires qu'il requiert. Si vous soumettez le Notariat
à la patente, tous les actes dressés par les Notaires
devront en faire mention, parce que tous ces actes
seront réputés actes dépendant du commerce du pa-
tenté. Dans ce cas, l'étude ne sera plus qu'un magasin,
le bureau du fonctionnaire qu'un comptoir, et ses clercs
des commis. Comme la plus grande liberté doit être
donnée au commerce, chacun, pour son argent, à

moins d'une dérogation formelle et inexplicable, pourra donc sans distinction, réclamer communication des actes et contrats? Voyez, comme en poussant jusqu'à ses dernières limites une proposition fausse, on arrive facilement à d'absurdes conséquences.

Il était pénétré de principes d'ordre et de sagesse, le législateur de 1803, lorsqu'après avoir établi dans l'article premier de la loi sur l'organisation du Notariat, que « les Notaires sont des fonctionnaires publics » établis pour donner aux conventions des parties le » caractère d'authenticité attaché aux actes de l'au- » torité publique, » il disposait (art. 33) que ces fonctionnaires *exercent sans patente.* Serait-il bien conséquent de détruire l'article 33 sans toucher à l'article premier de la loi organisatrice?

Ainsi donc, repoussons de toute la force de nos convictions morales, l'impôt de la patente pour le Notariat. Au lieu de l'abaisser ainsi à ses propres yeux, au lieu de le faire redescendre dans l'esclavage ou la dépendance, comme au temps des Romains, et alors que le développement sans mesure de la force matérielle et brutale par les armes, avait atténué l'influence spirituelle et morale, mettons cette magistrature bien au-dessus des spéculations commerciales dont le but est visiblement borné aux seuls besoins du corps. Gardons-nous bien de lui présenter d'une main le brevet illimité du négoce et de l'industrie, pour lui fermer, de l'autre, l'issue légale qui lui est ouverte en cas de ruine, par la déclaration de faillite, moyen ordinaire dont la mauvaise foi abuse étrangement et presque impunément de nos jours, de parer aux éventualités du commerce.

Quelques économistes rigoureux pourront peut-être nous répliquer : mais l'impôt, dans un état bien gouverné, doit être également réparti sur toutes les individualités, et non seulement en raison du nombre des personnes, mais encore au prorata du revenu particulier à chacune d'elles. Nous ne nierons jamais cette logique et toute patriotique conclusion ; et certes, le cas d'urgence échéant, le Notariat ne serait point le dernier à venir déposer sa cotisation dans la caisse de l'état, il l'a prouvé plus d'une fois. Nous lisons dans ses archives que, sur la fin de la République, le Notariat français fit armer et équiper, à ses frais, un bâtiment de guerre, dont il fit hommage à la patrie, alors aux prises avec l'Angleterre.

D'ailleurs, que de lacunes à combler pour arriver à une juste et égale répartition de l'impôt ! Et la rente quand l'atteindrez-vous ? Et le luxe si dévorant de nos villes, si éhonté partout, quand le frapperez-vous d'un impôt annuel (1) ? Tous ces brillants équipages, ces voitures, ces chevaux de prix, ces nombreux domestiques, ces meutes pompeuses (2), et si souvent un

---

(1) La patente qui grève le fabricant et le commerçant, la douane qui taxe d'un droit les produits bruts ou ouvragés du commerce, n'atteignent point spécialement les objets de luxe, puisqu'elles frappent également les produits de première nécessité , et qu'ainsi elles sévissent pareillement sur les classes les plus pauvres.

(2) Une proposition faite à la chambre des députés, au commencement de la session de 1846 et tendant à établir ce dernier

fléau pour l'agriculture, quand leur direz-vous halte-
là! Pour passer, payez un droit à l'état, dégrevez d'autant la classe moyenne sur laquelle pèse votre prodi-
gieuse excentricité.

Quand mettrez-vous une différence entre le droit
fixe d'enregistrement du contrat de mariage d'un pair
de France ou de l'opulent banquier, et celui du plus pauvre manouvrier? entre le testament du riche agriculteur et celui de l'humble prolétaire? entre le partage
des grandes propriétés et celui du plus mince héritage (1)?

Oui! quand le jour des réparations sollicitées par
de nouveaux et pressans besoins aura sonné, le Notariat, soyez-en sûr, ne vous répondra point par un refus systématique ; et, bien que l'intérêt de son cautionnement ne soit pas en rapport avec le produit général et annuel des valeurs en France (2), bien que la
transmission des offices soit aujourd'hui assujettie à un
énorme droit d'enregistrement, il paiera volontiers et
généreusement sa part d'impôts. Vous pourrez l'atteindre autrement que par la patente, mais alors vous de-
vrez 1° en compensation de nouvelles charges, rendre

---

impôt est tombée, malgré son but d'humanité évidente et ses résultats de fiscalité, victime de l'hilarité presque générale de l'assemblée.

(1) Tous ces actes sont pareillement assujettis, et bien que
cette classification paraisse contraire à la justice, au droit fixe
de 5 fr. (Loi de 1816.)

(2) En ce moment cet intérêt vient d'être réduit à 3 pour cent
au lieu de 4. Ça été vraiment une fiche de consolation accordée
aux partisans déchus du système de la patente envers et contre
tous.

au Notariat ce grand nombre d'actes sous seings privés,
que la cupidité d'une foule d'individus, tant maîtres
d'école qu'arpenteurs, agents d'affaires et autres, ex-
ploitent, dans les campagnes surtout, au détriment réel
des particuliers, du gouvernement et des Notaires :
des particuliers, en les lançant tous les jours dans
des procès inextricables et ruineux, suite inévitable
de la vicieuse rédaction des écrits privés ; du gouvernement, en le privant d'énormes droits de mutations (1)
célés ou altérés, sans contrôle possible d'un homme
éclairé et consciencieux ; et enfin des Notaires, dont les
honoraires passent entre les mains de personnes sans
qualité et sans droit pour usurper ainsi journellement
les importantes fonctions notariales (2) ; 2° et, en re-

---

(1) Le gouvernement a cru obvier à ce grave inconvénient, en
disposant dans ces derniers temps, que toute mutation ne sera
opérée qu'en vertu d'un titre ; mais ce but n'est pas généralement
atteint, d'abord parce qu'on n'exige point la représentation des
actes, et qu'une simple note sans signature, présentée au percepteur, suffit ; que d'un autre côté, lorsque le titre transmutatif
n'est point enregistré, on a coutume de maintenir l'inscription
au rôle du nom de l'ancien propriétaire, sauf à lui rembourser
ensuite le montant de la cote.

(2) La loi a ordonné l'enregistrement, dans les trois mois, des
actes portant mutation de propriétés immobilières, à peine
du double droit. Il aurait été plus convenable, ce semble, qu'elle
eût ordonné, sous des peines graves, le dépôt chez les Notaires,
dans un temps limité, de tous les actes soit translatifs, soit dé-
claratifs de propriété immobilière ou mobilière, ou contenant
bail à ferme de biens ruraux ; un tel dépôt a un but de moralité
et d'ordre si frappant et si incontestable, qu'il éloigne tout naturellement l'idée unique de l'intérêt étroit et mesquin d'une
corporation. Qui ne voit d'ailleurs que ce serait un simple retour
aux sages prescriptions de l'ancienne législation. La déclaration
du roi, du 16 juillet 1699, n'ordonnait le contrôle des actes sous
seings privés, qu'après l'acte reconnu soit par défaut, soit contra-

vanche des impôts frappés sur la propriété mobilière, dégrever la propriété immobilière, proscrire certains impôts tout-à-fait impopulaires et en tête desquels figure celui affecté à la fabrication du sel marin, et favoriser, par là, le développement des produits du sol, seul réel, seul constituant la fortune publique et qui n'est, que depuis peu d'années, en si bonne voie de progrès, qui n'attend pour doubler ses produits que des encouragements si justement mérités (1). Le seul système d'un bon gouvernement ne doit pas être, en effet, de toujours aggraver l'impôt, il doit tendre bien plus à augmenter la richesse publique, à généraliser l'aisance et à asseoir ainsi sur des bases fixes et durarables, la puissance et la félicité des peuples.

---

dictoirement ; auquel cas la partie qui en avait poursuivi la reconnaissance, était tenue de *porter chez un Notaire l'écrit sous seing privé, afin que ce fonctionnaire en délivrât expédition,* après l'avoir fait contrôler.

(1) Dans l'ancienne Grèce, l'agriculture était remise aux mains des esclaves. Chez un peuple avancé dans la civilisation chrétienne, une telle monstruosité ne saurait être comprise.

CHAPITRE IX.

—

RÉFLEXIONS SUR LA LOI DU 21 JUIN 1843 (1).

La jurisprudence de la cour de cassation venait, en 1843, de prendre au sérieux les dispositions de la loi du 16 mars 1803, qui voulait que les actes fussent reçus par deux Notaires ou par un Notaire assisté de deux témoins. Ce renversement subit et inattendu d'usages, contraires, il est vrai, à la lettre de la loi, mais généralement autorisés par la pratique constante de tous les temps, avait jeté la perturbation, non seulement dans les études des Notaires, où il créait des embarras inextricables, mais bien plus encore dans la société, qu'il menaçait de bouleverser de fond en comble. La loi du 21 juin, en apportant au Notariat et à la société sa puissante garantie sur des faits accomplis, et en modifiant, pour l'avenir, l'art. 9 de la loi

---

(1) Le texte de cette loi créatrice d'un droit nouveau, est reproduit ci-après.

de 1803, est venue aussi imposer au Notariat des obligations nouvelles.

A l'époque où parut la loi de 1843, quelques adversaires du Notariat se demandaient, avec une certaine inquiétude, si le moment était bien choisi pour élargir ainsi le cercle des attributions morales de cette profession. En présence des faits déplorables reprochés à quelques Notaires, commentés, multipliés sans fin par les mille voix de la presse périodique, convenait-il, selon eux, d'accroître dans les mains de fonctionnaires presque mis en suspicion, un pouvoir dont l'étendue allait devenir illimitée? Pendant la discussion de la loi, le Garde-des-sceaux ministre de la justice, répondit à ces inculpations d'une manière bien flatteuse pour le Notariat. Il le vengea publiquement des attaques dirigées contre lui, et opposa l'argument irréfragable des chiffres à tous ces bruits de journaux et de salons. Il prouva que, depuis dix années, sur plus de 10,000 Notaires que l'on compte en France, et qui, dans cette période, avaient retenu plus de 34 millions d'actes, 93 seulement avaient été poursuivis, et 26 condamnés. « Il serait à désirer, ajouta M. le Garde-des-sceaux, que toutes les professions présentassent autant de garanties. Le Notariat n'a rien perdu de la considération dont il est si digne de jouir, et la vigilance éclairée des chambres de discipline ferait disparaître promptement les abus, s'il pouvait s'en présenter (1). »

---

(1) *Recueil des Lois et Ordonnances annoté*, par les rédacteurs du *Journal des Notaires*, année 1843, p. 154.

De cette grande latitude donnée à l'exercice notarial, ou mieux, sanctionnée par une loi, il est, à notre avis, résulté des obligations de deux sortes : les premières sont relatives aux Notaires eux-mêmes; les secondes regardent les chambres de discipline, dont l'ordonnance du 4 janvier 1843 a sagement augmenté le pouvoir disciplinaire.

Les Notaires doivent sentir que si la loi a relâché de ses formes rigoureuses, que l'expérience avait fait reconnaître difficiles dans l'application, mais auxquelles se soumettaient pourtant un certain nombre de ces fonctionnaires, ils sont, tous, dans l'obligation étroite de redoubler, s'il est possible, de vigilance et de circonspection. Leur conduite, comme fonctionnaires publics, doit revêtir un caractère de gravité et d'intégrité plus austères encore qu'avant la loi du 21 juin 1843; autrement, ils ne se montreraient pas dignes de cette confiance que le législateur leur a accordée presque sans contrôle. La loi qui nous occupe est vraiment un hommage public et solennel rendu au caractère notarial, et que, dans tous les instants de sa carrière, celui qui en est revêtu, doit avoir à cœur de justifier, parce que cet hommage est infiniment glorieux pour lui. Qu'il ferme complètement les yeux sur les tendances agitées du siècle, sur son goût si prononcé pour le trafic de l'argent et les folles dépenses d'un luxe sans limites; que telles ou telles fortunes rapides n'excitent point son envie. Pour un succès, ne compte-t-on pas aujourd'hui mille échecs? Et puis, la richesse n'est point toujours le gage du bonheur.

Lorsqu'elle est le fruit de l'injustice, c'est le gage assuré du malheur et de l'infamie. Le dépôt de sommes d'argent entre les mains d'un Notaire (1) ressemble à ces beaux fruits qui, au dire de certains voyageurs, se voient sur les rives du lac Asphaltite : dès qu'on y touche, ils se crèvent et laissent échapper une poussière infecte et nuisible. Qui peut, en effet, entamer un dépôt sans porter atteinte à sa conscience, sans être sali moralement ?...

De leur côté, les chambres de discipline, armées désormais d'un pouvoir plus étendu, doivent faire sentir leur action paternelle, mais inflexible, à ceux des Notaires du ressort qui auraient le malheur d'oublier tant soit peu les prescriptions sacrées de la morale ou des lois. Une partialité coupable, prenant sa source dans un esprit étroit de corporation, produirait des maux incalculables, et rendrait la position du Notariat pire qu'avant la loi du 21 juin. Nous savons bien que l'institution personnellement ne peut être responsable des écarts de quelques-uns de ses membres. Mais pourtant le Notariat devrait être le premier à élever la voix si de nouveaux et grands scandales venaient à porter la désolation dans son sein, tout en effrayant la société, et à solliciter des mesures de ré-

---

(1) Ce dépôt de sommes dans les études, la plupart du temps nécessité par les formalités hypothécaires qui accompagnent la transmission des immeubles, est le résultat mauvais, et plein de dangers, d'un vice dans la loi hypothécaire. Le législateur aurait dû prévoir ce dépôt, et indiquer l'endroit où il aurait été convenablement opéré.

pression énergiques et tout-à-fait spéciales. S'il est vrai que la probité qui suffit au commun des citoyens, est tout-à-fait insuffisante pour un Notaire, chargé par état, des intérêts publics, qui ne sent, dès lors, que des peines plus rigoureuses doivent atteindre et frapper le fonctionnaire public infracteur des lois de la morale et de la probité ? Intimement pénétrées de ces vérités importantes, les chambres de discipline auront constamment les yeux ouverts sur les Notaires de l'arrondissement ; et sous cette juridiction tutélaire, le Notariat, imbu d'ailleurs de cette maxime fondamentale, que la science doit toujours s'allier à la vertu pour produire de dignes effets sociaux, que la probité et l'honneur doivent être fondés sur la religion pour avoir une base inébranlable, poursuivra sans déviation, avec un ensemble plein de grandeur et d'harmonie, sa noble carrière, illustrée dans tous les âges par plusieurs fonctionnaires d'élite, honoré des princes et des gouvernements sages, et environné de l'estime précieuse des hommes. Que manquera-t-il dès-lors à cette belle profession, et que devra-t-elle envier à toute autre institution sociale?

CHAPITRE X.

—

DISSERTATION SUR LES ACTES SOUS SEINGS PRIVÉS RELATIVEMENT AUX CAMPAGNES SURTOUT.

Déjà, dans le chapitre VIII, nous avons abordé cette question des actes privés, et nous avons proposé, à l'égard de ceux qui emportent mutation de biens meubles ou immeubles et des baux à fermes, un moyen d'exécution qui, conforme à l'ancienne législation du royaume, profiterait aux parties aussi bien qu'à l'état lui-même. Les mille inconvénients qui résultent journellement de cette forme d'écrits, en général si diffus, si incomplets pourtant, si dangereux pour leurs auteurs mêmes, nous forcent à revenir sur cet objet.

Les personnes étrangères à la science du droit, admettent volontiers qu'un écrit sous seing privé, revêtu de l'enregistrement, vaut un acte notarié. Cent fois, dans le cours de notre exercice, nous avons ouï proclamer cette hérésie, d'où découlent fréquemment bien des mécomptes et des regrets.

Incapables d'apprécier le caractère si éminent et si précieux de l'authenticité, la plupart des hommes n'en tiennent donc aucun compte. Quelquefois, cependant, ils s'en aperçoivent forcément, lorsque les circonstances les obligent à faire opérer en justice une vérification d'écriture, ou lorsque, par le défaut de date, à l'égard des tiers, d'un acte inauthentique, l'une des parties vient a éprouver quelque rude échec.

Ces écrits privés ne peuvent conférer hypothèque, autre avantage immense que l'on dédaigne encore.

Enfin, cette utile conservation des titres notariés dans un dépôt public, cette délivrance des grosses et expéditions au premier appel des parties, cette voie parée, accordée par la loi aux actes des Notaires comme à ceux de l'autorité publique.

Tous ces avantages sont à peine aperçus du plus grand nombre des contractants.

Pour éviter le paiement des honoraires, souvent bien minimes d'un Notaire éclairé et consciencieux, qui aurait surveillé et dirigé une opération délicate, ils s'exposent à payer d'énormes et multiples droits d'enregistrement, auxquels des conditions mal établies, des clauses singulières, anormales, doivent nécessairement donner lieu, quelquefois même à perdre des capitaux importants, pour vicieuse rédaction des écrits privés. Enfin, ils osent confier une forte transmission de propriété à une simple feuille détachée, qu'un incident fortuit et tout naturel peut faire disparaître de leurs mains.

Que résulte-t-il de tout cela? C'est que les écrits sous seings privés forment, de nos jours, une des mines les plus fécondes d'où la juridiction contentieuse tire son aliment quotidien. Si une réforme désirable était introduite dans ce mode de contracter, devenu si fréquent, la jurisprudence aurait assurément, dans la suite, moins d'arrêts à consigner dans ses vastes recueils. Ce motif ne saurait, chez un gouvernement équitable, retarder d'un jour, une réforme qui serait jugée utile. Il est inouï combien dans la pratique, on rencontre de ces actes privés, rédigés sans la moindre notion des prescriptions légales, dans un style qui prête à l'équivoque, à l'amphibologie, lorsqu'il ne tourne pas à la nullité pour défaut de formes. La difficulté de savoir signer n'est pas toujours un obstacle dans les campagnes : la femme signe pour son mari, le fils, même mineur, pour ses père et mère; d'autres fois, des témoins signataires affirment l'engagement d'un contractant illétré, sans se mettre en peine des dispositions de l'art. 1341 du code civil. Telle est la situation désolante où la manie trop générale des écrits privés place une grande partie des gens du peuple. Le croirait-on? ils vont jusqu'à rédiger dans la forme privée des actes de donations. Nous l'avons vu de nos yeux.

On répondra peut-être : Mais la plupart des inconvénients que vous signalez ici, disparaîtront bientôt, et au fur et à mesure que l'instruction se répandra chez le peuple, au moyen des nombreuses écoles primaires établies dans presque toutes les communes du royaume. Nous admettons que, dans quelques années, tout le monde saura, en effet, lire et écrire en France ; mais, de bonne foi, tout le monde sera-t-il à même, dès-lors, de rédiger des conventions synallagmatiques, d'en poser les termes, d'en juger la portée plus ou moins grave, de décider lorsqu'il sera à propos de leur donner le caractère authentique? D'ailleurs, regardez-vous tous les hommes comme étant doués au même degré de bonne foi et de sagacité? Celui qui sera le plus simple et le plus ignorant ne sera-t-il pas toujours exposé à être dupé par celui qui sera plus rusé et plus roué que lui en affaires?

Si vous n'assignez à un Notaire qu'un simple rôle de scribe, sans doute vous jugerez son intervention dans les actes comme surérogatoire, comme une formalité purement oiseuse; mais si vous voyez en lui un magistrat intègre dont l'intervention sage et éclairée protége le faible contre le fort, l'ignorant contre l'homme plein d'astuce et de duplicité, comme une sentinelle vigilante sans cesse préposée à la garde de la fortune de chacun de ses clients, vous sentirez aussitôt combien il importerait à la société que l'intervention notariale eût lieu dans l'immense généralité des affaires (1).

(1) Un inconvénient grave des actes sous signatures privées et qu'il nous reste à signaler, c'est que lors même qu'ils présentent un caractère bilatéral, et que la mention de multiples copies existe dans leur contexte, souvent les actes ne se rencontrent néanmoins qu'entre les mains d'une seule partie, celle qui a paru avoir le plus d'intérêt à leur conservation. Or, le législateur, qui a veillé avec tant de soin, à ce que les actes publics fussent à l'abri de toute altération subséquente, et qui a consigné son austère sollicitude dans l'art. 13 de la loi du 16 mars 1803,

Au moment même où nous transcrivons ces lignes, arrive dans notre étude une pauvre veuve, victime, dans la personne de son père, d'un de ces actes privés arrachés par la cupidité la plus éhontée à l'ignorance et à l'abrutissement. « Mon père, nous dit-elle, dominé par la malheureuse passion de l'ivrognerie, a emprunté, il y a quelques mois, 350 fr.; et pour cette somme, à laquelle on a adjoint 100 fr. qu'il devait toucher prochainement, mais qu'il n'a point reçu depuis, et qu'il ne recevra peut-être jamais, a vendu à son créancier, sous faculté de rachat et moyennant 450 fr. quittancés par l'écrit, un immeuble d'une valeur bien supérieure. Pour éviter sans doute l'œil vigilant et consciencieux d'un Notaire, la vente a été consommée au moyen d'un écrit privé. »

Voilà donc de ces faits qui journellement se renouvellent dans les campagnes, au grand détriment de la morale publique; et si quelques-uns sont réprimés par les tribunaux, un bien plus grand nombre sans doute n'arrivera jamais à leur connaissance, et profitera à d'avides et misérables spéculateurs.

---

n'a rien prévu à l'égard des altérations faites dans les actes privés; pourtant leur fréquente existence entre les mains d'un seul, offre bien des chances favorables à la fraude, facile à commettre puisque la loi n'interdit point les surcharges, les interlignes, etc., mais néanmoins assez difficile à prouver. C'est donc avec raison que des auteurs graves ont demandé l'application du dispositif de l'art. 13 de la loi précitée aux actes inauthentiques.

CHAPITRE XI.

—

DES HONORAIRES AUXQUELS LES NOTAIRES ONT DROIT POUR LES ACTES QU'ILS RETIENNENT.

Profondément pénétrés des considérations morales que nous venons de développer, dans les chapitres qui précèdent, à l'avantage du Notariat aussi bien que de la Société entière, les Notaires comprendront aisément que la fixation de leurs honoraires doit toujours être faite en conscience, et pourtant mise en rapport avec l'importance : 1° du travail auquel ils se sont livrés ; 2° et de la responsabilité qui pèse sur eux à raison du plus ou moins de gravité de l'acte à conserver dans leurs archives (1). Certes, cette dernière considération n'est point, à notre avis, d'une minime valeur pour l'appréciation des émoluments revenant aux Notaires.

---

(1) Le prix fixé pour les actes soit par la loi, soit par un usage confirmé par les cours souveraines, ne concerne que le fond de l'acte même et ce qui est communément nécessaire pour le dresser, mais ce qui se fait au-delà , comme le temps qu'on emploie pour concilier les parties, les arranger, régler leurs droits et leurs prétentions, en étant souvent indépendant, peut mériter une récompense qui réponde au travail. A raison des veilles, des voyages par un mauvais temps, la nuit, un Notaire peut recevoir un salaire particulier. (Confér. d'Ang., t. 6., p. 67.)

Tel acte, en effet, d'une facile rédaction, contient la transmission, sous la forme d'une donation ou d'un testament, d'une fortune considérable; tel autre renferme la promesse de payer une somme énorme; la soustraction de ces actes entraînerait contre le fonctionnaire détenteur, de ruineux dommages-intérêts. Ne doit-il pas compenser ces terribles chances de perte, cette perspective inquiétante par des honoraires un peu élevés? De là la conséquence que ces honoraires doivent être parfois proportionnels. Partout et toujours, les salaires ont été mis en rapport avec les risques à courir; de fortes récompenses sont généralement promises à celui qui s'expose beaucoup. Pourquoi donc, dans la circonstance qui nous occupe, cette loi naturelle et équitable serait-elle inadmissible?

Les législateurs de l'an xi avaient bien été dominés par ces mêmes considérations lorsqu'ils décrétèrent l'art. 51 de la loi organisatrice du Notariat. Ils pensèrent que les mille et un incidents qui environnent la rédaction des actes, pouvaient modifier à l'infini la quotité des honoraires auxquels ils donnaient naissance. Voilà pourquoi ils ne voulurent point la déterminer, aimant mieux en laisser la fixation aux Notaires, sauf débat avec les parties, et contrôle, en cas de discord, du tribunal civil de la résidence du fonctionnaire, sur l'avis de la chambre de discipline, et au moyen de simples mémoires rédigés sans frais (1).

---

(1) Il serait grandement temps que la forme de l'action à intenter par un Notaire, pour le paiement de ses honoraires, fût

Qui ne s'étonnera qu'une si large voie, ouverte en apparence aux abus que la cupidité enfante d'ordinaire, ait été néanmoins aussi peu féconde en inconvénients? C'est à l'honneur de l'institution notariale qu'une telle vérité doit être proclamée. Les débats prévus par l'art. 51 de la loi de l'an XI viennent bien rarement faire retentir l'enceinte des tribunaux. Mais, si, en général, les Notaires font une juste et consciencieuse appréciation des honoraires qui leur reviennent, si les parties en acquittent volontiers le montant, ne doit-on pas regarder comme une cause déterminante de cet heureux état de choses, l'harmonie existant à peu près dans chaque étude, pour la perception de ces honoraires relativement à des actes identiques : harmonie, il faut en convenir, due, en grande partie, à ces tarifs ou réglements particuliers que les

---

nettement établie et ne fut point journellement l'objet de contentions judiciaires. Il est par trop fâcheux qu'on soit encore à se demander aujourd'hui, si le Notaire doit faire citer ses clients devant le juge-de-paix, à l'égard des honoraires qui lui sont dûs, ou les assigner directement (et sans préliminaire de conciliation) devant le tribunal civil, en donnant en tête de l'assignation, copie de son mémoire avec les renseignements nécessaires. Quel inconvénient y aurait-il à comprendre dans la demande en justice, le montant des déboursés et des honoraires et à suivre le cours ordinaire de la procédure? Pourquoi, en effet, ne serait-il pas facultatif de requérir exécutoire du juge-de-paix pour les déboursés, ou d'en faire l'objet d'une demande devant les tribunaux ordinaires *?

* La demande d'honoraires formée par un Notaire contre son client ne doit pas être portée devant le juge de paix dont l'incompétence est absolue, mais bien devant le tribunal civil de la résidence du Notaire (art. 51 de la loi de vent. an XI et 173 du tarif des frais et dépens), jugement du trib. de Civray, 24 avril 1841; — id. trib. Libourne, 17 janvier 1843.— Arr. de la C. cass., ch. civ, 21 avril 1846 (art. 60 Code proc.) — Arr. de la C. de Poitiers, 27 janvier 1846.

Le président du trib. civ. seul a droit de régler les honoraires d'un Notaire, ses ordonnances ne peuvent ensuite être attaquées, par voie d'appel, que devant la Cour royale et non par voie d'opposition.— Arr. de la C. de Rennes, 28 novembre 1840.

diverses chambres de discipline ont depuis long-
temps arrêtés relativement aux honoraires des actes
non compris dans le tarif des frais et dépens de 1807 (1).
Toujours ces tableaux, dictés par les mêmes considérations, ont eu, par suite, d'heureux et frappants rapports d'analogie; basés sur les deux grands principes
qui constituent toute l'économie de nos lois sur l'enregistrement, tantôt ils accordent un droit fixe, tantôt
un droit proportionnel , taxant les sommes et valeurs
dans leurs progressions infiniment variables.

Cependant des voix nombreuses, se multipliant de
jour en jour, s'élèvent dans ces derniers temps, pour
demander au gouvernement un tarif général et uniforme. La difficulté réelle, mais évidemment trop exa-
gérée de ce travail, en a jusqu'ici éloigné la réalisation pourtant si nécessaire.

Une pétition, demandant ce tarif, fut adressée, en
1829, à la chambre des députés. A ce sujet le rapporteur de la commission, après avoir fait sentir l'impossibilité, selon lui, d'appliquer un tarif uniforme à
tous les actes notariés, s'exprimait ainsi, confondant, à
notre avis, l'exception avec la règle : « .. Que dirai-
je surtout des transactions? De ces actes qui sont le
triomphe du Notariat (2) et dans lesquels les hommes

---

(1) Les Notaires, sont d'autant plus tenus de se conformer à
ce qui leur est attribué pour honoraires, *qu'ils sont obligés d'é-
crire au bas de l'acte ce qu'ils ont reçu.* (Confér. d'Ang., t. 6, p. 66.)

(2) Les triomphes moraux du Notariat, seraient rares, s'ils
n'avaient lieu qu'au sujet des transactions, car ces actes ne se
présentent que de loin en loin dans la pratique, tandis que les

qui exercent cette profession, se font tant d'honneur quand ils ont été, je ne dis pas seulement les rédacteurs du traité de paix, mais les négociateurs, les plénipotentiaires, les promoteurs de la réconciliation, quand, par leurs sages conseils, à force de soins, d'assiduité, de persévérance, ils sont parvenus à rapprocher les esprits, à réunir les volontés, et qu'ils sont venus à bout de terminer un procès existant, ou de prévenir un procès prêt à éclater.

« Faites donc descendre de pareils services au taux fixé d'avance par un tarif froidement calculé.

» Avec un prix invariable pour telle ou telle nature d'acte, on ferait alternativement injustice au Notaire et à la partie; on risquerait perpétuellement d'accorder trop ou trop peu. »

La chambre de discipline des Notaires de Versailles, d'accord en cela avec celle de Paris, partage cette idée d'impossibilité d'un tarif général (1). Voici comment

---

occasions de pacifier les familles et de les soustraire aux chances ruineuses des procès, se montrent dans une foule de circonstances ordinaires que le Notariat accepte avec empressement, sans pour cela, élever hors mesure, le taux de ses honoraires, ni même penser en avoir le droit. Il est, en effet, des professions, et cela est vrai, surtout pour le Notariat, sur qui, d'après Massillon, la *Providence se décharge du soin des faibles et des petits.* Ce rôle perdrait toute sa sublimité, si ses phases diverses étaient rigoureusement appréciables en argent.

(1) Il demeurera toujours évident aux yeux de l'observateur impartial et éclairé, que la corporation des Notaires de Paris, ne peut être comprise dans une mesure générale. Sa position pour les honoraires à percevoir est tout-à-fait exceptionnelle, comme ses relations journalières avec l'élite des clients. Cette

elle s'exprime dans un des nombreux passages de son mémoire, publié le 5 novembre 1845 :

« La variété et la nature de l'action notariale, ont fait penser aux fondateurs de l'institution, qu'il était doublement impossible de la compléter par un tarif légal. Impossibilité matérielle à cause de la diversité des applications, à cause de la dissemblance d'affaires portant le même nom ; impossibilité morale à cause du caractère général du Notariat et des rapports qu'il établit entre le fonctionnaire et ses clients.

» Laisser, au contraire, au bon accord des intéressés, la fixation de l'émolument applicable à une pareille intervention, c'était en même temps provoquer l'émolument le plus juste pour chaque cas, et maintenir le Notaire et les clients dans les rapports de confiance et de bons procédés, sans lesquels il n'y a pas de Notariat : c'était satisfaire à la justice, en fait, et au principe constitutif de l'institution, en théorie.

» Il était sage cependant, de prévoir le désaccord : car celui qui paie a une tendance à amoindrir l'obligation et celui qui la reçoit à l'exagérer. Le législateur l'a prévu, et il a donné une nouvelle preuve du prix qu'il attachait à l'application d'une bonne justice et au maintien du bon accord, en confiant la solution du différend à l'expérience du magistrat le plus haut placé dans chaque arrondissement.

---

exception admise, on ne voit plus quelle raison pourrait alléguer toute autre corporation en France, pour se soustraire à une règle générale d'honoraires, désirable sous plus d'un rapport.

» On ne pouvait fonder un système plus homogène en théorie, et on ne pourrait imaginer une innovation plus funeste à cet ensemble, que la création d'un tarif légal. »

» La chambre des Notaires d'Alençon, qui a pris les devants dans la demande d'un tarif, s'est chargée aussi de répondre au mémoire de la chambre de Versailles.

» Quelle preuve meilleure d'un malaise suffisamment grave, s'écrie l'assemblée des Notaires d'Alençon, que toutes ces pétitions qui se succèdent, qui s'entassent aux deux chambres! — Marseille, Tours, Orléans et Clermont, Poitiers, Caen, Mâcon, Pau, Rhodez, Alençon, Pont-Audemer et tant d'autres! — Pourquoi nier l'évidence? Relisez plutôt le rapport, à tous égards si remarquable, fait, il y a peu de mois, à la chambre des pairs par M. de Flavigny : Le Notariat de Versailles n'a rien à souhaiter, celui de Paris est dans la joie. Sera-ce bien assez, messieurs, pour étouffer les plaintes de cent arrondissements, privés sur tous les points de la France, des priviléges si bien connus de votre situation exceptionnelle ?

» Vous tenez pour impossible un tarif Notarial? Pourquoi donc, en avez vous depuis longtemps fait un dont vous suivez encore les bases? Pourquoi voyonsnous MM. les Notaires de Paris, soumis aux règles de perception fixés d'avance par leur chambre? Vos travaux habituels seraient-ils comme les nôtres, variés sans doute, mais limités et prévus ?

» .... Celui qui paie a, dites-vous, une tendance à amoindrir l'obligation, celui qui reçoit est disposé à l'exagérer. Et vous niez le pressant besoin d'un tarif !

» Disons, en nous résumant, que le Notariat presque entier, d'accord avec l'opinion publique, réclame un tarif légal ;

» Qu'il n'y aura désormais de dignité pour nous qu'à ce prix ;

» Que le tarif est très possible : chacune de vos chambres a le sien ; le vôtre, celui de la chambre des Notaires de Paris, pourraient servir de modèle. »

Aux adversaires d'un tarif général, peu nombreux toutefois aujourd'hui, dans les rangs du Notariat, en présence des difficultés graves qui ont surgi dans ces derniers temps, les partisans de la mesure répondront toujours victorieusement : 1° que si les tarifs particuliers à chaque localité, et qui ne sont revêtus d'aucun caractère légal, ont suffi jusqu'à présent pour la généralité des affaires, ils sont insuffisants vu l'état déplorable de la jurisprudence ;

2° Qu'une mesure universelle ayant la sanction légale, ferait autorité aux yeux de tous et trancherait les difficultés à leur source ;

3° Et que, pour les cas très peu fréquens d'exception, où quelques Notaires croiraient devoir se mettre au-dessus des prescriptions du tarif, l'autorité des tribunaux civils serait là pour apprécier ces cas d'extension d'honoraires, que les chambres de discipline s'empresseraient d'ailleurs de réprimer s'ils étaient excessifs, et dès l'instant même où ils viendraient à leur connaissance.

Quelques-uns se sont demandé s'il serait contraire

à l'esprit de l'art. 1ᵉʳ de l'ordonnance du 4 janvier 1843, nᵒ 4 (1), que les chambres de discipline fissent un réglement relatif à la quotité des divers honoraires revenant aux Notaires de leur ressort, pour les actes autres, toutefois, que ceux désignés dans les tarifs de 1807. Un tel réglement, disent-ils, aurait pour effet de prévenir la plupart des difficultés prévues par l'art. 1ᵉʳ de cette ordonnance, en établissant un ensemble d'action désirable.

Ces personnes ont présumé que ce réglement, ayant un tel but d'ordre et de moralité, respectant, d'ailleurs, les tarifs des frais et dépens, dont ils prendrait même les chiffres comme régulateurs de l'ensemble du travail, ne portant aucune atteinte aux prérogatives des tribunaux de 1ʳᵉ instance, résultant de l'art. 15 de la loi de l'an XI, recevrait inévitablement l'approbation du Garde-des-sceaux, ministre de la justice, dans le sens de l'art. 23 de l'ordonnance du 4 janvier.

Nous ne saurions, aujourd'hui, conseiller une pareille tentative qui, fût-elle couronnée de succès, n'obvierait point aux embarras de la situation, puisque l'exercice du droit réservé au juge-commissaire et au président du tribunal civil, par les art. 171, 172 et 173 du tarif de 1807, subsisterait toujours en son entier. D'autant plus que, par son arrêt du 1ᵉʳ décembre 1841, la cour de cassation, chambre civile, ayant reconnu que les dispositions dudit décret, sont d'ordre public,

______

(1) Voir le texte de cette ordonnance à l'Appendice.

elle a statué qu'on ne peut légalement y renoncer, et que ces dispositions ont, sous le rapport de la taxe, modifié les prescriptions de l'art. 54 de la loi du 25 ventôse, lesquelles autorisaient les compositions amiables (1). Il résulte évidemment de cette doctrine, que le recours au juge taxateur peut être invoqué après paiement, contre le Notaire ou ses héritiers, dans un délai que la plus longue période des prescriptions peut seule limiter.

De cette déplorable conséquence, déduite de la jurisprudence rigoureuse de la cour de cassation, il naît pour le Notariat une situation financière des plus fâcheuses et grosse de ruineux mécomptes, dont il faut nécessairement sortir. Nous, qui pensons que le gouvernement pourrait faire à l'égard de tous les actes notariés, ce qu'il a déjà fait pour plusieurs dans les tarifs précités de 1807 et de 1844, nous formons des vœux pour que les honoraires revenant aux Notaires, du moins dans les circonstances ordinaires de leur exercice, soient uniformément réglés pour tout le royaume. Nous adjurons les Notaires de réunir tous leurs efforts pour obtenir ce réglement; quel qu'il fût, ses termes mettraient fin à l'état de perplexité et de souffrance où le Notariat se trouve présentement.

Il nous semble même, que cette mesure servant de corollaire et de complément à l'ordonnance du 4 janvier 1843, pourrait bien revêtir la même forme et

---

(1) Contrôl. de l'enreg., t. 22, art. 6178.

n'être point, vu son objet réglementaire, soumise aux discussions des chambres. D'ailleurs, l'ordonnance du 10 octobre 1841 , est un précédent assez remarquable que justifiait le mode des décrets de 1807.

Après avoir recueilli, près de chaque cour royale, le résumé des réglements particuliers établis par les chambres de discipline du ressort, le gouvernement parviendrait facilement, en rapprochant des chiffres, d'ailleurs si frappants d'harmonie, à faire un précieux travail d'ensemble (1).

Quel que soit le mode adopté, nous ne saurions redouter dans cette question l'intervention du pouvoir, parce que cette crainte serait visiblement injurieuse pour l'autorité qui doit, dans sa sollicitude paternelle, veiller soigneusement à la conservation de tous les intérêts et de tous les droits des citoyens. Mais nous entrevoyons l'immense avantage résultant de la mesure sollicitée, et qui, en faisant sortir le Notariat d'un état d'incertitude et de périls incessants, le placerait dans une situation fixe, honorable et tout-à-fait en rapport avec la dignité de ses attributions.

Dans le but de fournir notre contingent de matériaux au monument qui doit être élevé , nous présentons un tableau, résumé succinct de quelques tarifs

---

(1) Telle était l'opinion de M. de Flavigny, dans son brillant rapport à la chambre des pairs, au sujet d'un tarif général.

Voir *Tarif des Notaires*, ou instruction sur la perception des émoluments de ces fonctionnaires, par Renaud, notaire, 1815, Besançon, 2ᵉ édit., 1816.

particuliers et où les actes non spécifiés dans le décret de 1807 et l'ordonnance de 1844, sont approximati-
vement tarifés. Sa concision et pourtant sa généralité
d'application, feront comprendre qu'en abordant fran-
chement un tel travail, on doit espérer de triompher
infailliblement des difficultés qui l'environnent.

TABLEAU indicatif (1) des honoraires auxquels les Notaires peuvent prétendre pour la rédaction des actes de leur ministère calculés uniquement pour les circonstances ordinaires.

Valeur énoncée dans les actes.	DROITS PROPORTIONNELS :		
	1re CLASSE. Actes de libéralité entre collatéraux et étrangers.	**2e CLASSE.** Actes portant transmission de propriété à titre onéreux ; dispositions à titre gratuit en ligne directe, mais par préciput.	**3e CLASSE.** Actes déclaratifs de propriété ou portant obligation de sommes et libération de valeurs. Partages anticipés. — Donation en ligne directe par contrat de mariage.
Au-dessous de mille francs. { 100	5 »	4 50	4 »
200	6 »	5 »	4 50
300	6 50	6 »	5 »
400	7 »	6 50	5 50
500	7 50	7 »	6 »
600	8 »	7 50	6 50
700	8 50	8 »	7 »
800	9 »	8 50	7 50
900	9 50	9 »	8 »
de 1000 à 10000	10 p. 1000	9 50 p. 1000	8 pour 1000
de 10000 à 50000	6 »	5 50 »	5 » »
de 50000 à 100000	4 »	3 » »	2 50 »
sur l'excéd. de 100000 indéfiniment.	2 »	1 50 »	1 25 »
		DROITS FIXES (2)	
Contrats de mariage. — Testamens. — Transactions. — Concordats.	36 »	24 »	9 »
Reconnaissances d'enfans. — Révocations de Testamens. — Compromis.	24 »	18 »	8 »
Procurations et autres actes simples.	15 »	7 »	4 »

(1) L'avantage qui résulterait d'un tarif en forme de tableau c'est qu'il pourrait être placardé dans chaque étude, et livré ainsi à la connaissance du public.

(2) Les trois classes, quant aux droits fixes, se règlent selon l'importance du travail de l'acte ou la qualité des contractans. — Les testamens participent, lorsqu'ils reçoivent leur exécution, des deux natures de droits fixes et proportionnels ; il en est de même des contrats de mariage lorsqu'ils contiennent donation en faveur des époux ou que ceux-ci apportent en dot des valeurs mobilières ou immobilières.

Pour les actes qui se rétribuent par vacations, les droits d'expédition, les transports des notaires hors de leur résidence, les ventes judiciaires de biens immeubles, &., &. (Voir les tarifs des 16 fév. 1807 et 10 octob. 1841.

* Dans les grandes villes où il importe, à raison de la fortune et des emplois éminens, d'établir un nombre plus considérable de classes, notre travail, quant à cette seconde partie, devra sembler incomplet. D'ailleurs, comment aurions-nous pu prétendre qu'un tableau aussi restreint que celui-ci parât à toutes les éventualités ? Notre principal motif était de prouver aux adversaires du tarif que s'il suffisait de grouper quelques chiffres avec une certaine méthode, pour se rapprocher du but désiré, on l'atteindrait infailliblement en élargissant d'une manière convenable la base du travail.

CHAPITRE XII.

—

CONCLUSION.

Certes, ce ne sera pas en vain que nous aurons écrit particulièrement pour la nombreuse classe des aspirants au Notariat. En venant frapper à la porte de la conscience et de l'honneur, nous aurons infailliblement obtenu cet avantage sur lequel tout écrivain, ami des saines doctrines, a droit de compter, d'être entendu, sinon du plus grand nombre des hommes, au moins de plusieurs d'entre eux. Sans nul doute, la morale est d'un abord austère, et quand elle vient marquer, de son doigt inflexible, la série de nos devoirs, au premier aspect elle nous paraît incommode et rebutante. Nous trouverions plus facile de suivre, en riant, les sentiers gracieux du plaisir et des jouissances de la vie. C'est pourtant une fatale illusion, une pure vanité du moment, car le devoir est tout pour l'homme... Hors de là, et dans la satisfaction exclusive des sens, on ne rencontre que déception, honte et regrets.

Quel que soit le poste qui nous ait été assigné ici-bas par la Providence, nous nous devons à Dieu et à la société, et nous ne nous appartenons qu'en troi-sième ordre. Cette vérité sentie et goûtée de tout temps, doit l'être davantage sous l'empire de la loi chrétienne; loi de charité, d'union, de force et où tous les membres concourent à ne former qu'un seul corps, qu'une assemblée dont les sommités les plus influen-tes se doivent distinguer par plus de zèle et d'empres-sement à servir la cause commune. Rapprochez ces principes des froides et égoïstes allures de la plupart des hommes du jour, et vous y trouverez la réproba-tion formelle de leur conduite.

Nous désirerions que le jeune homme qui embrasse une profession quelconque dans la société, fît ce que, d'ordinaire, pratique un navigateur qui s'aventure sur les mers. Celui-ci ne néglige aucun des moyens que la prudence, que l'esprit de conservation le plus in-génieux peuvent suggérer pour l'heureux succès du voyage et la prompte rentrée au port. Ce n'est point assez, en effet, de s'être fait admettre dans une car-rière honorable, il la faut parcourir *honorablement* jusqu'au bout.

Sans doute, dans ces derniers temps, un grand mou-vement a été imprimé au monde. L'industrie a rompu les barrières qui, jadis, la tenaient captive, et ses ma-chines triomphantes ont franchi l'espace. Les mers et leur vaste étendue, bien loin d'être un obstacle à la réalisation de ses plans, lui sont au contraire venus en aide. Elle a convié tous les peuples à des relations fraternelles, et tous les peuples se sont levés à sa voix. Etait-il bien facile de ne point ressentir plus ou moins cette commotion universelle? Nous ne le pensons point. Aussi, quand nous avons adressé, au Chap. VI, comme un reproche au jeune Notariat, quand nous l'avons blâmé, à l'égard, toutefois, d'un très petit nombre de ses membres, d'être sorti de ses attributions, en méconnaissant les exemples du vieux Notariat, nous savions bien qu'il n'y avait point identité de situation. S'il convient de faire la part des hommes, il faut aussi, pour être juste, faire celle des événements et des diversités de circonstances.

Si notre blâme subsiste, il sera donc tempéré par cette considération, que facilement quelques hommes, parmi les vrais coupables, ont pu, durant la confusion du moment, et par manque de réflexion, se laisser entraîner par un mouvement dont il n'avaient pas bien étudié la portée. Maintenant que les rôles mieux connus, sont distribués, il sera facile à chacun de reprendre sa place.

Les chambres de discipline apprécieront sans doute l'énormité de leur tâche; elles comprendront que de leurs soins à exiger des candidats, non-seulement des études sérieuses, intelligentes et complètes, mais bien plus une moralité irréprochable, dépendra l'avenir du Notariat. Ce tribunal paternel, mais équitable, sentira que parmi cette foule de jeunes gens qui, aujourd'hui, pourvus d'éducation, courent après les emplois, il en est que des dispositions mauvaises , doivent éloigner pour toujours, de l'honorable profession qui nous occupe.

Vous l'avez vu, jeunes hommes appelés à repeupler les rangs du Notariat, l'institution a prodigieusement grandi en suivant le cours des âges. Peu à peu elle s'est dégagée des mille obstacles qui avaient retardé son développement. Depuis 1791, et après un violent échec, elle a complété ses titres à l'admiration et à la confiance publiques, et certes ces tributs d'encouragement ne lui ont point fait défaut. Maintenant et sous . l'empire des lois et des progrès de l'époque(1), comprenez ce que la société, ce que la conscience exigent de vous. Soyez fiers d'être entrés dans cette magistrature paternelle qui, plus heureuse que la justice contentieuse, a bien aussi la balance en main, mais n'en a point le glaive redoutable. Avouez que si, sous l'influence du culte civilisateur que J.-C. est venu apporter au monde, il y a tantôt dix-neuf siècles et qui a

---

(1) De 1495, sous Charles VIII, jusqu'à 1572, sur la fin du règne de Charles IX, la France fut pourvue de 60 coutumes principales et de plus de 240 coutumes locales ou particulières rédigées par écrit. En sorte, qu'au moment de la révolution, plus de 300 coutumes, flanquées chacune de deux ou trois commentaires, se partageaient les décisions judiciaires d'alors et rendaient vraiment impossible l'étude du droit général français. Ces inconvénients avaient frappé plusieurs bons esprits , car dès le règne de Louis XI, au rapport de Phil. de Commines, il avait été question de faire dresser une seule coutume et d'employer les mêmes poids et mesures pour tout le royaume. Ferrière, qui nous renseigne à cet égard, dans son *Dictionnaire de Droit (verbo coutume)*, fait ressortir quelques-uns des nombreux avantages qui résultent pour un peuple, d'une législation uniforme, à laquelle nous sommes enfin parvenus.

complété la loi mosaïque, toutes les institutions nécessaires au bonheur de l'homme, ont germé comme
par enchantement et ont pareillement fleuri au sein de
de toutes les sociétés humaines, il est rationnel de
croire et d'admettre que telle ou telle profession particulière, lui devra son perfectionnement moral réel
et efficace. Si cette religion d'amour et de fraternité, a brisé les liens honteux de l'esclavage, a élevé
par le sacrement de mariage, la femme à la dignité
d'épouse et d'heureuse mère de famille, a toujours et
partout, pourvu à l'éducation de la jeunesse, a doté
la terre de ces hôtels du pauvre (1), où des mains tendres et charitables pansent des blessures, bandent
des plaies sur lesquelles le froid et dédaigneux regard du monde ne se serait pas même abaissé; si
de faibles créatures délaissées, jetées sur le pavé par
d'indignes marâtres, ont été recueillies par cette religion, élevées et rendues à la société reconnaissante ;
en un mot, si par ce culte divin, toutes les vertus
ont germé et enivré le globe de leur éternel parfum,
dites donc avec nous que, conduit par cette religion
sainte, le magistrat suivra nécessairement d'un pas
ferme, le droit sentier de la justice et ne fera sentir
que par des bienfaits, la salutaire influence de sa précieuse institution.

Mais qu'avons-nous donc besoin de rappeler de
telles vérités pratiques à une jeunesse si remplie
d'honneur et de franchise? Quoi ! elle veut de la li-

---

(1) *Albergo di poveri* disent les Italiens.

berté, elle veut de la fraternité, pourrait-elle ignorer
que la religion du Christ prêche tout cela depuis dix-
neuf siècles, et, qui mieux est, le met en pratique, mais
parceque la religion veut toutes ces choses sans révolte, sans abus possibles et sans dommage pour le
prochain, ses doctrines seraient-elles par là même
inadmissibles? Si la conscience préside continuellement à l'exercice de tous les droits de citoyen, pour-
ra-t-on arriver jamais à quelque résultat fâcheux?
Puis, sachons-le bien : la liberté, comme les honnêtes
gens la comprennent, ne peut réellement se trouver
que dans l'exercice des vertus, puisque le plus rude
et le plus honteux esclavage résulte de l'asservisse-
ment aux passions. Et l'égalité, ce rêve chimérique
des démagogues du dernier siècle, en vain vous iriez
la chercher ailleurs que sous les belles voûtes de nos
basiliques chrétiennes! A la seule religion divine il
appartenait, en effet, de rapprocher sans cesse l'homme
de l'homme, et de confondre les nombreuses classes
sociales aux pieds de celui devant lequel s'efface toute
grandeur humaine; de faire asseoir, au même banquet
de charité mystérieuse, tous les hommes sans distinctions de savoir, de caste et de fortune.

Sans doute, « quelques prétendus esprits forts disent que le Christianisme est gênant, s'écrie un auteur (1) non suspect en pareille matière; c'est avouer
qu'on est incapable de porter le joug des vertus qu'il
commande. Il est nuisible, ajoutent-ils; c'est fermer

____

(1) D'Alembert.

les yeux aux avantages les plus sensibles, les plus indispensables qu'il procure à la société. Ses devoirs
excluent ceux de citoyen ; c'est le calomnier manifes-
tement, puisque le premier de ses préceptes est, pour
chacun, de remplir les devoirs de son état. Il favorise
le despotisme, l'autorité arbitraire des princes ; c'est
méconnaître son esprit puisqu'il déclare, dans les termes les plus énergiques, que les souverains, au tribunal de Dieu, seront jugés plus rigoureusement que
les autres hommes et qu'ils paieront, avec usure,
l'impunité dont ils auront joui sur la terre. La foi
qu'exige le Christianisme, contredit et humilie la raison ; c'est insulter à l'expérience et à la raison même,
que de regarder comme humiliant un joug qui soutient cette raison toujours vacillante, toujours inquiète
quand elle est abandonnée à elle-même. »

Les sentiments généreux et pleins de sensibilité de la
jeunesse doivent faire aujourd'hui toute notre espérance ; c'est à elle que nous nous adressons avec confiance pour le développement, par la pratique quotidienne, de notre code moral du Notariat.

APPENDICE.

LOIS ET ORDONNANCES

CONSTITUTIVES

DU NOTARIAT.

Plusieurs fois, dans le cours de cet ouvrage, nous aurions eu besoin de citer plus au long quelques passages des lois et ordonnances qui régissent actuellement le Notariat, mais nous avons préféré nous en abstenir pour ne point interrompre la suite de nos dissertations morales, et classer dans un Appendice tout spécial ces textes de lois, afin que le lecteur put y avoir recours au besoin, et sans fatigue ni déplacement.

LOI

SUR L'ORGANISATION DU NOTARIAT [1],

25 VENTOSE AN XI (16 MARS 1803).

TITRE PREMIER.

Des Notaires et des actes notariés.

SECTION PREMIÈRE.

Des fonctions, ressort et devoirs des Notaires.

Art. 1er. Les Notaires sont les fonctionnaires publics, établis pour recevoir tous les actes et contrats auxquels les parties doivent ou veulent faire donner le caractère d'authenticité attaché aux actes de l'autorité publique et pour en assurer la date, en conserver le dépôt, en délivrer des grosses et expéditions.

2. Ils sont institués à vie.

---

(1) Voir le *Comment.* sur la loi du 25 vent., par les rédact. du *Mémorial du Not.*, 2 vol. in-8, Paris, 1834.

3. Ils sont tenus de prêter leur ministère lorsqu'ils en sont requis.

4. Chaque Notaire devra résider dans le lieu qui lui sera fixé par le gouvernement; en cas de contra-vention, le Notaire sera considéré comme démission-naire; en conséquence, le grand juge, ministre de la justice, après avoir pris l'avis du tribunal, pourra proposer au gouvernement le remplacement.

5. Les Notaires exercent leurs fonctions, savoir :

Ceux des villes où est établi le tribunal d'appel, dans l'étendue du ressort de ce tribunal ;

Ceux des villes où il n'y a qu'un tribunal de pre-mière instance, dans l'étendue du ressort de ce tri-bunal;

Ceux des autres communes, dans l'étendue du res-sort du tribunal de paix.

6. Il est défendu, à tout Notaire, d'instrumenter hors de son ressort, à peine d'être suspendu de ses fonctions pendant trois mois, d'être destitué en cas de récidive, et de tous dommages-intérêts.

7. Les fonctions de Notaires sont incompatibles avec celles de juges, commissaires du gouvernement près les tribunaux, leurs substituts, greffiers, avoués, huissiers, préposés à la recette des contributions di-rectes et indirectes, juges, greffiers et huissiers des justices de paix, commissaires de police et commis-saires aux ventes.

SECTION DEUXIÈME.

—

Des actes , de leur forme , des minutes , grosses , expéditions et répertoires.

8. Les Notaires ne pourront recevoir des actes dans lesquels leurs parents ou alliés, en ligne directe à tous les degrés et en collatérale jusqu'au degré d'oncle ou de neveu inclusivement, seraient parties, ou qui contiendraient quelques dispositions en leur faveur.

9. Les actes seront reçus par deux Notaires ou par un Notaire assisté de deux témoins, citoyens français, sachant signer et domiciliés dans l'arrondissement communal où l'acte sera passé (1).

10. Deux Notaires, parents ou alliés, au degré prohibé par l'article 8, ne pourront concourir au même acte.

Les parents, alliés, soit du Notaire, soit des parties contractantes, au degré prohibé par l'art. 8, leurs clercs et leurs serviteurs, ne pourront être témoins.

11. Le nom, l'état et la demeure des parties, devront être connus des Notaires, ou leur être attestés dans l'acte, par deux citoyens connus d'eux, ayant les mêmes qualités que celles requises pour être témoin instrumentaire.

---

(1) Voir ci-après la loi du 21 juin 1843.

12. Tous les actes doivent énoncer les nom et lieu de résidence du Notaire qui les reçoit, à peine de cent francs d'amende contre le Notaire contrevenant.

Ils doivent également énoncer les noms des témoins instrumentaires, leur demeure, le lieu, l'année et le jour où les actes sont passés, sous les peines prononcées par l'article 68 ci-après et même de faux si le cas y échoit.

13. Les actes des Notaires seront écrits en un seul et même contexte, lisiblement, sans abréviation, blanc, lacune, ni intervalle ; ils contiendront les noms, prénoms, qualités et demeure des parties, ainsi que des témoins qui seraient appelés dans le cas de l'art. 11 ; ils énonceront, en toutes lettres, les sommes et les dates, les procurations des contractants seront annexées à la minute, qui fera mention que lecture de l'acte a été faite aux parties. Le tout à peine de cent francs d'amende contre le Notaire contrevenant.

14. Les actes seront signés par les parties, les témoins et les Notaires qui doivent en faire mention à la fin de l'acte.

Quant aux parties qui ne savent ou ne peuvent signer, le Notaire doit faire mention, à la fin de l'acte, de leurs déclarations à cet égard (1).

15. Les renvois et apostilles ne pourront, sauf l'exception ci-après, être écrits qu'en marge ; ils seront signés ou paraphés, tant par les Notaires, que par les

____

(1) A l'égard de la mention à faire, sous peine de nullité, dans les donations entre-vifs, ou entre époux, reconnaissance d'enfants, etc. Voir ci-après l'art. 2 de la loi du 21 juin 1843.

autres signataires, à peine de nullité des renvois et apostilles; si la longueur du renvoi exige qu'il soit transporté à la fin de l'acte, il devra être non-seulement signé ou paraphé comme les renvois écrits en marge, mais encore expressément approuvé par les parties, à peine de nullité du renvoi.

16. Il n'y aura ni surcharge, ni interligne, ni addition dans le corps de l'acte, et les mots surchargés, interlignés ou ajoutés, seront nuls; les mots qui devront être rayés, le seront de manière que le nombre puisse en être constaté à la marge de leur page correspondante, ou à la fin de l'acte et approuvés de la même manière que les renvois écrits en marge, le tout à peine d'une amende de cinquante francs contre le Notaire, ainsi que de tous dommages-intérêts, même de destitution en cas de fraude (1).

17. Le Notaire qui contreviendra aux lois et aux arrêtés du gouvernement concernant les noms et qualifications supprimées, les clauses et expressions féodales, les mesures et l'annuaire de la république, ainsi que la numération décimale, sera condamné à une amende de cent francs, qui sera double en cas de récidive.

18. Le Notaire tiendra exposé, dans son étude, un tableau sur lequel il inscrira les noms, prénoms, qualités et demeures des personnes qui, dans l'étendue

---

(1) Peccat mortaliter Notarius malitiâ aut ignorantiâ notabili instrumentum conficiens, addendo clausulas obscuras, necessarias ve omittendo ob quod quispiam suum creditum perdit. (Navarre, C. 25, n. 53.)

du ressort où il peut exercer, sont interdites ou assistées d'un conseil judiciaire, ainsi que la mention des jugements y relatifs, le tout immédiatement après la notification qui en aura été faite, et à peine des dommages-intérêts des parties (1).

19. Tous actes notariés feront foi en justice et seront exécutoires dans toute l'étendue de la république.

Néanmoins, en cas de plainte en faux-principal, l'exécution de l'acte argué de faux, sera suspendue par la déclaration du jury d'accusation prononçant qu'il y a lieu à accusation : en cas d'inscription de faux faite incidemment, les tribunaux pourront, suivant la gravité des circonstances, suspendre provisoirement l'exécution de l'acte.

20. Les Notaires seront tenus de garder minute de tous les actes qu'ils recevront.

Ne sont néanmoins compris dans la présente disposition, les certificats de vie, procurations, actes de notoriété, quittances de fermages de loyers, de salaires, arrérages de pension et rentes, et autres actes simples qui, d'après les lois, peuvent être délivrés en brevet (2).

---

(1) Par l'art. 175 du tarif des frais et dépens, les Notaires sont assujettis à prendre eux-mêmes ces extraits de jugements, à leur chambre de discipline.

(2) Quelques Notaires, par suite de cette disposition, se croient autorisés à délivrer des obligations en brevet, c'est une pratique vicieuse à tous égards, surtout si, comme dans un cas particulier dont nous avons été le témoin oculaire, le Notaire revêt de la formule exécutoire une minute remise ès-mains du créancier. Ce procédé est visiblement contraire à l'art. 26 de la présente loi, qui veut que mention de la délivrance de la première grosse, soit faite sur la minute. Dans le cas contraire, et si la simple mi-

21. Le droit de délivrer des grosses et des expéditions n'appartiendra qu'au Notaire possesseur de la minute; et néanmoins, tout Notaire pourra délivrer copie d'un acte qui lui aura été déposé pour minute.

22. Les Notaires ne pourront se dessaisir d'aucune minute, si ce n'est dans les cas prévus par la loi, et en vertu d'un jugement.

Avant de s'en dessaisir, ils en dresseront et signeront une copie figurée qui, après avoir été certifiée par le président et le commissaire du tribunal civil de leur résidence, sera substituée à la minute dont elle tiendra lieu jusqu'à sa réintégration.

23. Les Notaires ne pourront également, sans l'ordonnance du président du tribunal de première instance, délivrer expédition, ni donner connaissance des actes, à d'autres qu'aux personnes intéressées en nom direct, héritiers ou ayant droit (1), à peine de dommages-intérêts, d'une amende de cent francs, et d'être, en cas de récidive, suspendus de leurs fonctions pendant trois mois, sauf néanmoins l'exécution des lois et réglements sur le droit d'enregistrement, et de cel-

---

nute a été remise au créancier, par quel moyen celui-ci lui donnera-t-il la forme exécutoire? Ne sera-t-il pas obligé d'en opérer le dépôt dans une étude de Notaire? Mais de là, augmentation de frais, moyen long et détourné d'arriver à un but qui, de lui-même, était facile et sans inconvéniens.

(1) « C'est dans un Notaire un péché grief et une acception de personnes très condamnable que de refuser de délivrer la copie d'un acte à une des parties intéressées pour favoriser les autres, de la fatiguer par des délais affectés, de la forcer à faire des frais pour arriver à son but. Ces frais, ces délais sont injustes. » (Confér. d'Ang., t. 6, p. 68.)

les relatives aux actes qui doivent être publiés dans les tribunaux (1).

24. En cas de compulsoire, le procès-verbal sera dressé par le Notaire dépositaire de l'acte, à moins que le tribunal qui l'ordonne, ne commette un de ses membres ou tout autre juge ou un autre Notaire.

25. Les grosses seules seront délivrées en forme exécutoire, elles seront intitulées et terminées dans les mêmes termes que les jugements des tribunaux.

26. Il doit être fait mention, sur la minute, de la délivrance d'une première grosse, faite à chacune des parties intéressées; il ne peut lui en être délivré d'autres, à peine de destitution, sans une ordonnance du président du tribunal de première instance, laquelle demeurera jointe à la minute (2).

27. Chaque Notaire sera tenu d'avoir un cachet ou sceau particulier, portant ses noms, qualité et résidence et d'après un modèle uniforme, le type du gouvernement.

Les grosses et expéditions des actes porteront l'empreinte de ce cachet.

---

(1) Jugem. du trib. de Montmorillon du 13 août 1845, qui établit qu'un Notaire est tenu de donner au procureur du roi, communication sans déplacement, des actes dont ce magistrat veut prendre connaissance et sur sa simple réquisition.

(2) Un des principaux motifs de cette disposition, rigoureuse lorsque la fraude n'est point alléguée contre le Notaire, c'est l'existence des quittances établies assez communément au pied de la première grosse et qui, ne se retrouvant plus sur la seconde, demeureraient tout-à-fait inconnues aux personnes intéressées. (Conférer. d'Ang., t. 6, p. 56.)

28. Les actes notariés seront légalisés, savoir : ceux des Notaires à la résidence des tribunaux d'appel, lorsqu'on s'en servira hors de leur ressort, et ceux des autres Notaires lorsqu'on s'en servira hors de leur département.

La légalisation sera faite par le président du tribunal de première instance de la résidence du Notaire, ou du lieu où sera délivré l'acte ou l'expédition.

29. Les Notaires tiendront répertoire de tous les actes qu'ils recevront.

30. Les répertoires seront visés, cotés et paraphés par le président ou, à son défaut, par un autre juge du tribunal civil de la résidence. Ils contiendront la date, la nature et l'espèce de l'acte, les noms des parties et la relation de l'enregistrement.

TITRE DEUXIÈME.

—

Régime du Notariat.

SECTION PREMIÈRE.

—

Nombre, placement et cautionnement des Notaires.

31. Le nombre des Notaires, pour chaque département, leur placement et résidence seront déterminés par le gouvernement, de manière : 1° que dans les villes de cent mille habitants et au-dessus il y ait un Notaire au plus par six mille habitants; que dans les autres villes, bourgs ou villages, il y ait deux Notaires au moins ou cinq au plus par chaque arrondissement de justice de paix.

32. Les suppressions ou réductions de places ne seront effectuées que par mort, démission ou destitution.

33. Les Notaires exercent sans patente (1), mais ils sont assujettis à un cautionnement fixé par le gouvernement d'après les bases ci-après et qui sera spécialement affecté à la garantie des condamnations

---

(1) Le ministre des finances vient de décider, le 27 juin 1846, qu'un Notaire que le tribunal civil commet ordinairement pour procéder à des expertises comme géomètre arpenteur, doit être assujetti à la patente. Le *Journal des Notaires* combat avec raison cette décision ministérielle, comme étant contraire à l'art. 12 de l'ordonnance du 4 janvier 1843, qui interdit au Notariat les professions commerciales.

prononcées contre eux par suite de l'exercice de leurs fonctions (1).

Lorsque, par l'effet de cette garantie, le montant du cautionnement aura été employé en tout ou en partie, le Notaire sera suspendu de ses fonctions jusqu'à ce que le cautionnement ait été entièrement rétabli, et, faute par lui de rétablir dans les six mois l'intégralité du cautionnement, il sera considéré comme démissionnaire, et remplacé.

34. Le cautionnement sera fixé par le gouvernement en raison combinée des ressort et résidence de chaque Notaire, d'après un minimum et un maximum suivant le tableau ci-après (2).

---

(1) Nous nous rangerions volontiers du côté de ceux qui demanderaient aux Notaires un cautionnement plus élevé que celui fixé par la loi de 1816. En augmentant ainsi les garanties matérielles de la société, on rendrait probablement moins fréquentes les circonstances qui lui occasionnent des pertes. L'on pourrait bien exiger des Notaires à venir un double cautionnement en immeubles, fourni soit par eux-mêmes, soit par un tiers ; mais nous repoussons le projet consistant à transformer en rentes sur l'état, les cautionnements sans distinction, de tous les fonctionnaires publics. L'expérience de ces dernières années a suffisamment démontré que la société a intérêt à ce que les Notaires s'éloignent constamment des jeux de bourse et des mille autres spéculations chanceuses de l'époque: mais alors pourquoi donc les constituer rentiers, puisqu'on doit leur interdire ensuite le jeu de la rente? Les inconséquences en législation auraient plus de portée encore que dans le commerce individuel du monde.

(2) Nous supprimons ce tableau dont les chiffres ont été successivement augmentés par les articles 20 de la loi du 21 février 1805 et 88 de la loi du 28 avril 1816. D'après le nouveau tableau actuellement en vigueur et qui est annexé à la loi de 1816, le *minimum* et le *maximum* du cautionnement pour les trois classes de Notaires, sont fixés, en raison de la population, ainsi qu'il suit :

Ces cautionnements seront versés, remboursés et les intérêts payés conformément aux lois sur les cautionnements, sous la déduction de versements antérieurs.

SECTION DEUXIÈME.

—

Conditions pour être admis et mode de nomination au Notariat.

35. Pour être admis aux fonctions de Notaire, il faudra :

1° Jouir de l'exercice des droits de citoyen ;

2° Avoir satisfait aux lois sur la conscription militaire ;

3° Etre âgé de vingt-cinq ans accomplis ;

4° Justifier du temps de travail prescrit par les articles suivants :

36. Le temps de stage ou travail, sera, sauf les exceptions ci-après, de six années entières et non interrompues, dont une des deux dernières au moins,

		nouvelle fixation.	ancienne fixation.
Résidences des cours royales.	minimum...	4,000 f.	2,667 f.
	maximum...	50,000	24,000
Id. des trib. de 1re inst.	minimum...	3,000	1,333
	maximum...	12,000	5,333
Id. des just. de paix.	minimum...	1,800	667
	maximum...	5,200	2,683

en qualité de premier clerc chez un Notaire d'une classe égale à celle où se trouvera la place à remplir.

37. Le temps de travail pourra n'être que de quatre années, lorsqu'il en aura été employé trois dans l'étude d'un Notaire d'une classe supérieure à la place qui devra être remplie, et lorsque pendant la quatrième, l'aspirant aura travaillé en qualité de premier clerc, chez un Notaire d'une classe supérieure, ou égale à celle où se trouvera la place pour laquelle il se présentera.

38. Le Notaire déjà reçu et exerçant depuis un an dans une classe inférieure, sera dispensé de toute justification de stage, pour être admis à une place de Notaire vacante dans une classe immédiatement supérieure.

39. L'aspirant qui aura travaillé pendant quatre ans, sans interruption, chez un Notaire de première ou de seconde classe, et qui aura été, pendant deux ans au moins, défenseur ou avoué, près un tribunal civil, pourra être admis dans une des classes où il aura fait son stage, pourvu que, pendant l'une des deux dernières années de son stage, il ait travaillé en qualité de premier clerc, chez un notaire d'une classe égale à celle où se trouvera la place à remplir.

40. Le temps de travail exigé par les articles précédents, devra être d'un tiers en sus, toutes les fois que l'aspirant, ayant travaillé chez un Notaire d'une classe inférieure, se présentera pour remplir une place d'une classe immédiatement supérieure.

41. Pour être admis à exercer dans la troisième

classe de Notaires, il suffira que l'aspirant ait travaillé pendant trois années chez un Notaire de première ou de seconde classe, ou qu'il ait exercé comme défenseur ou avoué pendant l'espace de deux années, auprès d'un tribunal d'appel ou de première instance, et qu'en outre il ait travaillé, pendant un an, chez un Notaire.

42. Le gouvernement pourra dispenser de la justification du temps d'étude, les individus qui auront exercé des fonctions administratives ou judiciaires.

43. L'aspirant demandera à la chambre de discipline du ressort dans lequel il devra exercer, un certificat de moralité et de capacité. Le certificat ne pourra être délivré qu'après que la chambre aura fait parvenir au commissaire du gouvernement du tribunal de première instance, l'expédition de la délibération qui l'aura accordé.

44. En cas de refus, la chambre donnera un avis motivé et le communiquera au commissaire du gouvernement qui l'adressera au grand juge avec ses observations.

45. Les Notaires seront nommés par le premier consul et obtiendront de lui une commission qui énoncera le lieu fixe de la résidence.

46. Les commissions de Notaires, seront, dans leur intitulé, adressées au tribunal de première instance, dans le ressort duquel le pourvu aura sa résidence.

47. Dans les deux mois de sa nomination, et à peine de déchéance, le pourvu sera tenu de prêter à l'audience du tribunal auquel la commission aura été

adressée, le serment que la loi exige de tout fonctionnaire public, ainsi que celui de remplir ses fonctions avec exactitude et probité.

Il ne sera admis à prêter serment, qu'en représentant l'original de sa commission et la quittance du versement de son cautionnement.

Il sera tenu de faire enregistrer le procès-verbal de prestation de serment au secrétariat de la municipalité du lieu où il devra résider, et au greffe de tous les tribunaux, dans le ressort desquels il doit exercer.

48. Il n'aura le droit d'exercer qu'à compter du jour où il aura prêté serment.

49. Avant d'entrer en fonctions, les Notaires devront déposer au greffe de chaque tribunal de première instance de leur département, et au secrétariat de la municipalité de leur résidence, leurs signature et paraphe.

Les Notaires à la résidence des tribunaux d'appel, feront, en outre, ce dépôt au greffe des autres tribunaux de première instance de leur ressort.

SECTION TROISIÈME.

Chambres de discipline.

50. Les chambres qui seront établies pour la discipline intérieure des Notaires, seront organisées par des réglements.

51. Les honoraires et vacations des Notaires seront réglés à l'amiable entre eux et les parties (1); sinon par le tribunal civil de la résidence du Notaire, sur l'avis de la chambre et sur simples mémoires, sans frais (2).

52. Tout Notaire suspendu, destitué ou remplacé, devra, aussitôt après la notification qui lui aura été faite de sa suspension, de sa destitution ou de son remplacement, cesser l'exercice de son état, à peine de tous dommages-intérêts et des autres condamna-

---

(1) Licet advocatis pecuniam pro patrocinio.... moderatè accipere; eadem est ratio de omnibus aliis, consideratâ conditione personarum, negotiorum et laboris et consuetudine patriæ. Si autem per improbitatem, aliquid immoderatè extorqueant, peccant contrà justitiam. (St-Thom. 2, 2, 9, 71, art. 4.)

(2) Voir l'art. 173 du décret de 1807, qui, en chargeant le président du tribunal de taxer les frais de certains actes notariés, n'a en cela abrogé ni explicitement, ni implicitement l'art. 51 de la loi de ventôse an XI, et n'a aucunement modifié l'attribution de compétence que cette loi faisait au tribunal en cas de contestation judiciaire entre les parties. Ainsi, à l'égard du paiement de frais et honoraires restant dus à un Notaire, il a été décidé que le juge de paix était incompétent, et qu'il fallait recourir au tribunal civil, en conformité dudit art. 51. — (Arrêt de la cour de cassation, ch. civ., du 21 avril 1845.)

tions prononcées par les lois, contre tout fonctionnaire suspendu ou destitué qui continue l'exercice de ses fonctions.

Le Notaire suspendu ne pourra les reprendre sous les mêmes peines, qu'après la cessation du temps de la suspension.

53. Toutes suspensions, destitutions, condamnations d'amendes et dommages-intérêts, seront prononcés contre les Notaires par le tribunal civil de leur résidence, à la poursuite des parties intéressées, ou d'office à la poursuite et diligence du commissaire du gouvernement.

Ces jugements seront sujets à l'appel et exécutoires par provision, excepté quant aux condamnations pécuniaires.

———

—

Garde, transmission, tables des minutes et recouvrements.

54. Les minutes et répertoires d'un Notaire remplacé, ou dont la place aura été supprimée, pourront être remis par lui ou par ses héritiers à l'un des Notaires résidant dans la même commune, ou à l'un des

Notaires résidant dans le même canton, si le remplacé était le seul Notaire établi dans la commune.

55. Si la remise des minutes et répertoires du Notaire remplacé n'a pas été effectuée, conformément à l'article précédent, dans le mois, à compter du jour de la prestation de serment du successeur, la remise en sera faite à celui-ci.

56. Lorsque la place de Notaire sera supprimée, le titulaire ou ses héritiers seront tenus de remettre les minutes et répertoires, dans le délai de deux mois, du jour de la suppression, à l'un des Notaires de la commune, ou à l'un des Notaires du canton, conformément à l'art. 54.

57. Le commissaire du gouvernement près le tribunal de première instance, est chargé de veiller à ce que les remises ordonnées par les articles précédens, soient effectuées; et, dans le cas de suppression de la place, si le titulaire ou ses héritiers n'ont pas fait choix, dans les délais prescrits, du Notaire à qui les minutes et répertoires devront être remis, le commissaire indiquera celui qui en demeurera dépositaire.

Le titulaire ou ses héritiers, en retard de satisfaire aux dispositions des articles 55 et 56, seront condamnés à cent francs d'amende pour chaque mois de retard, à compter du jour de la sommation qui leur aura été faite d'effectuer la remise.

58. Dans tous les cas, il sera dressé un état sommaire des minutes remises, et le Notaire qui les recevra, s'en chargera au pied de cet état, dont un double sera remis à la chambre de discipline.

59. Lé titulaire ou ses héritiers, et le Notaire qui recevra les minutes aux termes des articles 54, 55 et 56, traiteront de gré à gré des recouvrements à raison des actes, dont les honoraires sont encore dus, et du bénéfice des expéditions.

S'ils ne peuvent s'accorder, l'appréciation en sera faite par deux Notaires dont les parties conviendront, ou qui seront nommés d'office parmi les Notaires de la même résidence ou, à leur défaut, parmi ceux de la résidence la plus voisine (1).

60. Tous dépôts de minutes, sous la dénomination de chambre de contrats, bureaux de tabellionage et autres, sont maintenus à la garde de leurs possesseurs actuels. Les grosses et expéditions ne pourront en être délivrées que par un Notaire de la résidence des dépôts, ou, à défaut, par un Notaire de la résidence la plus voisine.

---

(1) En exigeant aujourd'hui, et d'après cet article, la cession simultanée tant de l'office que des recouvrements à opérer et autres objets relatifs à l'étude, l'autorité se montre, à cet égard, non seulement contraire aux intérêts du Notariat, mais encore, et ce qui est bien plus fâcheux, au principe généralement admis de la liberté dans les transactions ordinaires, principe que le législateur de l'an XI avait visiblement respecté dans cet art. 59. On est donc à se demander encore pourquoi d'énormes sacrifices ordonnés tout à coup dans l'intérêt seul d'une mesure fiscale ?

Au lieu de condamner ainsi le Notaire, qui se dépouille de son emploi, à une perte réelle de 50 p. 0/0 sur les sommes dues à son étude, d'exposer un jeune titulaire à s'aliéner la plupart de ses clients, en le constituant forcément leur créancier, et de violer enfin un principe de liberté qui forme une des plus précieuses prérogatives de l'homme en société, ne pourrait-on pas appliquer la loi fiscale d'une manière qui fût mieux en harmonie avec nos besoins et nos mœurs?

Néanmoins, si lesdits dépôts de minutes ont été remis au greffe d'un tribunal, les grosses et expéditions pourront, dans ce cas seulement, être délivrées par le greffier.

61. Immédiatement après le décès du Notaire ou autres possesseurs de minutes, les répertoires et minutes seront mis sous les scellés par le juge de paix de la résidence, jusqu'à ce qu'un autre Notaire en ait été provisoirement chargé, par ordonnance du président du tribunal de la résidence.

TITRE TROISIÈME.

Des Notaires actuels.

62. Sont maintenus définitivement tous les Notaires qui, au jour de la promulgation de la présente loi, seront en exercice.

63. Sont également maintenus définitivement, les Notaires qui, au jour de la promulgation de la présente loi, n'ayant point été remplacés, n'auraient interrompu l'exercice de leurs fonctions ou n'auraient

été empêchés d'y entrer que pour cause, soit d'incompatibilité, soit de service militaire.

64. Tous lesdits Notaires exerceront ou continueront d'exercer leurs fonctions, et conserveront rang entre eux, suivant la date de leurs réceptions respectives. Mais ils seront tenus, dans les trois mois du jour de la publication de la présente loi :

1° De remettre au greffe du tribunal de première instance de leur résidence, et sur un récépissé du greffier, tous les titres et pièces concernant leurs précédentes nominations et réceptions ;

2° De se pourvoir, avec ce récépissé, auprès du gouvernement, à l'effet d'obtenir du premier consul une commission confirmative dans laquelle seront rappelés la date de leurs nomination et réception primitives, ainsi que le lieu fixe de leur résidence.

65. Dans les deux mois qui suivront la délivrance de cette commission, chacun desdits Notaires sera tenu de prêter le serment prescrit par l'art. 47 et de se conformer aux dispositions de l'art. 49 pour le dépôt des signature et paraphe.

Le présent article et le précédent seront exécutés à peine de déchéance.

66. Les Notaires qui réunissent des fonctions incompatibles, seront tenus, dans les trois mois du jour de la publication de la présente loi, de faire leur option et d'en déposer l'acte au greffe du tribunal de première instance de leur résidence, sinon, ils seront considérés comme ayant donné leur démission de l'état de Notaire et remplacés ; et dans le cas où ils continue-

raient à l'exercer, ils encourront les peines prononcées par l'art. 52.

67. A compter du jour de leur option, ils auront un délai de trois mois pour obtenir la commission du premier consul, et pour remplir les formalités prescrites aux art. 47 et 49, le tout sous les mêmes peines.

Dispositions générales.

68. Tout acte fait en contravention aux dispositions contenues aux articles 6, 8, 9, 10, 14, 20, 52, 64, 65, 66 et 67 est nul, s'il n'est pas revêtu de la signature de toutes les parties; et lorsque l'acte sera revêtu de la signature de toutes les parties contractantes, il ne vaudra que comme écrit sous signature privée, sauf dans les deux cas, s'il y a lieu, les dommages-intérêts contre le Notaire contrevenant.

69. La loi du 6 octobre 1791 et toutes autres, sont abrogées en ce qu'elles ont de contraire à la présente.

Extrait de la Loi des finances du 28 Avril 1816.

91. Les avocats à la cour de cassation, notaires, avoués, greffiers, huissiers, agents de change, courtiers, commissaires-priseurs, pourront présenter à l'agrément de S. M. des successeurs (1), pourvu qu'ils réunissent les qualités exigées par les lois. Cette faculté n'aura pas lieu pour les titulaires destitués.

Il sera statué par une loi particulière sur l'exécution de cette disposition, et sur les moyens d'en faire jouir les héritiers ou ayant-cause des dits officiers (2).

Cette faculté de présenter des successeurs ne déroge point, au surplus, au droit de S. M. de réduire le nombre desdits fonctionnaires, notamment celui des Notaires, dans les cas prévus par la loi du 16 mars 1803, sur le Notariat.

Extrait de la Loi du 16 Juin 1824.

Art. 10. Les amendes prononcées, dans certains cas, contre les fonctionnaires publics et les officiers ministériels, par les lois sur l'enregistrement et le dépôt des répertoires, sont réduites à une seule amende de dix francs, quelle que soit la durée du retard.

---

(1) L'art. 14 de l'arrêté du ministre de la guerre, en date du 30 décembre 1842, qui organise le Notariat en Algérie, déclare *incessibles les offices de Notaires.*

(2) Cette loi réglementaire n'a pas vu le jour, à moins qu'on ne considère comme telle la loi incomplète du 25 juin 1841.

Toutes les amendes fixes prononcées par les lois sur l'enregistrement, le timbre, les ventes publiques de meubles et le Notariat, ainsi que celles résultant du défaut de mention des patentes dans les actes et du défaut de consignation des amendes d'appel, sont réduites, savoir :

Celles de 500 fr. à 50 fr.
Celles de 100   à 20
Celles de 50   à 10

Et toutes celles au-dessous de 50 fr. à 5 fr.

14. La prescription de deux ans établie par le nombre 1er de l'article 61 de la loi du 12 décembre 1798 (22 frimaire an VII), s'appliquera tant aux amendes de contravention aux dispositions de ladite loi, qu'aux amendes pour contravention aux lois sur le timbre et sur les ventes de meubles. Elle courra du jour où les préposés auront été mis à portée de constater les contraventions, au vu de chaque acte soumis à l'enregistrement, ou du jour de la présentation des répertoires à leur *visa*.

Dans tous les cas, la prescription pour le recouvrement des droits simples d'enregistrement et des droits de timbre qui auraient été dus indépendamment des amendes, restera réglée par les lois existantes.

L'action pour faire condamner aux amendes sera prescrite après deux ans à compter du jour où les contraventions auront été commises dans les cas déterminés :

1° Par l'art. 1er de la loi du 5 mai 1796, concernant le dépôt des répertoires ;

2° Par l'art. 37 de la loi du 22 octobre 1798, pour la mention à faire des patentes (1);

3° Par la loi du 16 mars 1803, contenant organisation du Notariat;

4° Par l'art. 68 du code de commerce, pour la publication des contrats de mariage des commerçants.

Extrait de la loi des finances du 21 Avril 1832.

34. Les ordonnances portant nomination des avocats à la cour de cassation, notaires, avoués, greffiers, huissiers, agents de change, courtiers et commissaires-priseurs, seront assujetties, à compter du jour de la promulgation de la présente loi, à un droit d'enregistrement de 10 p. 0/0 sur le montant du cautionnement attaché à la fonction ou à l'emploi (2).

Ce droit sera perçu, sur la première expédition de l'ordonnance, dans le mois de sa délivrance, sous peine d'un double droit; les nouveaux titulaires ne pourront être admis au serment qu'en produisant ladite expédition revêtue de la formalité de l'enregistrement. En cas de délivrance d'une seconde ou de subséquentes expéditions, la relation de l'enregistre-

----

(1) L'art. 29 de la loi du 25 avril 1844 a réduit à 25 fr. l'amende fixée au double par la loi de 1824, pour défaut de mention des patentes.

(2) Cette disposition a été implicitement abrogée par l'art. 6 de la loi du 25 juin 1841.

ment y sera mentionnée, sans frais, par le receveur du bureau où la formalité aura été donnée et les droits acquittés.

Les expéditions des ordonnances de nomination destinées aux parties sont assujetties au timbre.

Extrait de la Loi des finances du 25 Juin 1841.

Art. 6. A compter de la promulgation de la présente loi, tout traité ou convention ayant pour objet la transmission, à titre onéreux ou gratuit, en vertu de l'article 91 de la loi du 28 avril 1816, d'un office, de la clientèle, des minutes, répertoires, recouvrements et autres objets en dépendant, devra être constaté par écrit, et enregistré avant d'être produit à l'appui de la demande de nomination du successeur désigné.

Les droits d'enregistrement seront perçus selon les bases et quotités ci-après déterminées:

7. Pour les transmissions à titre onéreux, le droit d'enregistrement sera de 2 p. 0/0 du prix exprimé dans l'acte de cession, et du capital des charges qui pourront ajouter au prix.

8. Si la transmission de l'office et des objets en dépendant s'opère par suite de disposition gratuite entre vifs ou à cause de mort, les droits établis, pour les donations de biens meubles, par les lois existantes, seront perçus sur l'acte ou écrit constatant la libéralité d'après une évaluation en capital.

Dans aucun cas, le droit ne pourra être au-dessous de 2 p. 0/0.

9. La perception aura lieu conformément à l'art. 7. Lorsque l'office transmis par décès passera à l'un des héritiers ; lorsqu'il passera à l'héritier unique du titulaire, le droit de 2 p. 0/0 sera perçu d'après une déclaration estimative de la valeur de l'office et des objets en dépendant.

Cette déclaration sera faite au bureau de l'enregistrement de la résidence du titulaire décédé ; la quittance du receveur devra être jointe à l'appui de la demande de nomination du successeur.

Le droit acquitté sur cette déclaration ou sur le traité fait entre les cohéritiers sera imputé, jusqu'à due concurrence, sur celui que les héritiers auront à payer, lors de la déclaration de succession, sur la valeur estimative de l'office, d'après les quotités fixées pour les biens meubles par les lois en vigueur.

10. Le droit d'enregistrement de transmission des offices, déterminé par les art. 7, 8 et 9 ci-dessus, ne pourra, dans aucun cas, être inférieur au dixième du cautionnement attaché à la fonction ou à l'emploi.

11. Lorsque l'évaluation donnée à un office pour la perception du droit d'enregistrement d'une transmission à titre gratuit entre vifs ou par décès, sera reconnue insuffisante, ou que la simulation du prix exprimé dans l'acte de cession à titre onéreux, sera établie d'après des actes émanés des parties ou de l'autorité administrative ou judiciaire, il sera perçu, à titre

d'amende, un droit en sus de celui qui sera dû sur la différence de prix ou d'évaluation.

Les parties, leurs héritiers ou ayant-cause, sont solidaires pour le paiement de cette amende.

12. En cas de création nouvelle de charges ou offices, ou en cas de nomination de nouveaux titulaires, sans présentation, par suite de destitution ou par tout autre motif, les ordonnances qui y pourvoiront, seront assujetties à un droit d'enregistrement de 20 p. 0/0 sur le montant du cautionnement attaché à la fonction ou à l'emploi.

Toutefois, si les nouveaux titulaires sont soumis, comme condition de leur nomination, à payer une somme déterminée pour la valeur de l'office, le droit d'enregistrement de 2 p. 0/0 sera exigible sur cette somme, sauf l'application du minimum de perception établi à l'art. 10 ci-dessus. Ce droit devra être acquitté avant la prestation de serment du nouveau titulaire, sous peine du double droit.

13. En cas de suppression d'un titre d'office, lorsqu'à défaut de traité, l'ordonnance qui prononcera l'extinction, fixera une indemnité à payer au titulaire de l'office supprimé ou à ses héritiers, l'expédition de cette ordonnance devra être enregistrée dans le mois de la délivrance, sous peine du double droit.

Le droit de 2 p. 0/0 sera perçu sur le montant de l'indemnité.

14. Les droits perçus en vertu des articles qui précèdent seront sujets à restitution toutes les fois que la transmission n'aura pas été suivie d'effet.

S'il y a lieu seulement à réduction du prix, tout ce qui aura été perçu sur l'excédant sera également restitué.

La demande en restitution devra être faite, conformément à l'art. 61 de la loi du 12 décembre 1798, dans le délai de deux ans, à compter du jour de l'enregistrement du traité ou de la déclaration.

<hr>

4 JANVIER 1843 (1).

Ordonnance du Roi relative à l'organisation des Chambres des Notaires et à la discipline du Notariat.

Louis-Philippe, etc. Sur le rapport de notre garde-des-sceaux, ministre au département de la justice et des cultes, vu la loi du 25 ventôse an XI, contenant organisation du Notariat et l'arrêté du 2 nivôse an XII, relatif à l'établissement et à l'organisation des chambres de Notaires, notre conseil d'état entendu, etc.

Chambre de discipline des Notaires et ses attributions.

Art. 1er. Il y a près de chaque tribunal civil de première instance et dans la ville où il siége, une cham-

---

(1) Voir *Commentaire* de l'ordonnance du 4 janvier 1843, par Favier-Coulomb, in-8°.

bre des Notaires chargée du maintien de la discipline, parmi les Notaires de l'arrondissement (1).

2. Les attributions de la chambre sont :

1° De prononcer ou de provoquer, suivant les cas, l'application de toutes les dispositions de discipline;

2° De prévenir ou concilier tout différend entre Notaires, et notamment ceux qui pourraient s'élever, soit sur des communications, remises, dépôts ou rétentions de pièces, fonds et autres objets quelconques, soit sur des questions relatives à la réception et garde des minutes, à la préférence ou concurrence dans les inventaires, partages, ventes ou adjudications et autres actes; et, en cas de non conciliation, d'émettre son opinion par simple avis;

3° De prévenir ou concilier également toutes plaintes et réclamations de la part de tiers, contre des Notaires à raison de leurs fonctions; donner simplement son avis sur les dommages-intérêts qui pourraient être dus, et réprimer par voie de censure et autres dispositions de discipline, toutes infractions qui en seraient l'objet, sans préjudice de l'action devant les tribunaux s'il y a lieu;

4° De donner son avis sur les difficultés, concernant le réglement des honoraires et vacations des Notaires, ainsi que sur tous différends soumis à cet égard au tribunal civil (2).

5° De délivrer ou refuser tous certificats de bonnes

----

(1) Voir art. 50 de la loi du 25 ventôse an XI.
(2) Voir art. 51 de la même loi.

mœurs et capacité à elle demandés par les aspirants aux fonctions de Notaire, prendre, à ce sujet, toutes délibérations, donner tous avis motivés, les adresser ou communiquer à qui de droit (1);

6° De recevoir en dépôt les états des minutes dépendant des études de Notaires supprimées (2);

7° De représenter tous les Notaires de l'arrondissement, collectivement, sous le rapport de leurs droits et intérêts communs.

3. Toute décision ou délibération sera inscrite sur un registre coté et paraphé par le président de la chambre.

Ce registre sera communiqué au ministère public, à sa première réquisition.

Organisation de la Chambre.

4. Les Notaires de chaque arrondissement choisissent, parmi eux, les membres de leur chambre.

La chambre des Notaires de Paris est composée de dix-neuf membres; les chambres établies dans les arrondissements où le nombre des Notaires est au-dessus de cinquante, sont composées de neuf membres; celles de tous les autres arrondissements, de sept.

5. Les chambres ne peuvent délibérer valablement, qu'autant que les membres présents et votants, sont au moins au nombre de douze pour Paris, de

---

(1) Voir art. 43 de la loi du 25 ventôse an XI.
(2) Voir art. 56 de la même loi.

sept pour les chambres composées de neuf membres, et de cinq pour les autres chambres.

6. Les membres de la chambre choisissent entre eux un président, un syndic, un rapporteur, un secrétaire et un trésorier.

Le président a voix prépondérante en cas de partage d'opinions ; il convoque la chambre extraordinairement, quand il le juge à propos ou sur la réquisition motivée de deux autres membres , il a la police de la chambre.

Le syndic est partie poursuivante contre les Notaires inculpés, il est entendu préalablement à toutes délibérations de la chambre, qui est tenue de statuer sur ses réquisitions ; il a, comme le président, le droit de la convoquer, il poursuit l'exécution de ses délibérations dans la forme ci-après déterminée, enfin, il agit pour la chambre dans tous les cas et conformément à ce qu'elle a délibéré.

Le rapporteur recueille les renseignements sur les faits imputés aux Notaires , et en fait rapport à la chambre.

Le secrétaire rédige les délibérations de la chambre, est gardien des archives, et délivre toutes les expéditions.

Le trésorier fait les recettes et dépenses autorisées par la chambre ; à la fin de chaque trimestre, la chambre assemblée arrête son compte et lui en donne décharge.

7. Le nombre des syndics peut être porté à trois

pour Paris et à deux pour les chambres dont le ressort comprend plus de cinquante Notaires.

8. Le président ou le syndic et le secrétaire des chambres établies dans un chef-lieu de cour royale, sont nécessairement choisis parmi les Notaires résidant au chef-lieu.

Quant aux autres chambres, le président ou le syndic, ou le secrétaire, est nécessairement choisi parmi les Notaires de la ville où siège le tribunal de première instance.

Lorsque le secrétaire ne réside pas dans la ville où siège le tribunal, le président ou le syndic a la garde des archives, tient le registre prescrit par l'art. 33 ci-après, et délivre les expéditions des délibérations de la chambre.

9. Une ordonnance royale peut, suivant les localités, réduire ou augmenter le nombre des membres qui doivent composer les chambres, conformément aux dispositions de l'art. 4; dans ce cas, elle détermine le nombre des membres dont la présence est nécessaire à la validité des délibérations.

L'ordonnance qui réduira le nombre des membres de la chambre déclarera, s'il y a lieu, que les membres sortants pourront être réélus.

10. Indépendamment des attributions particulières données aux membres désignés en l'art. 6, chacun d'eux a voix délibérative, ainsi que lés autres membres dans toutes les assemblées de la chambre, et néanmoins lorsqu'il s'agit d'affaires où le syndic est

partie poursuivante, il ne prend pas part à la délibération.

11. Les fonctions spéciales attribuées par l'art. 6 à chacun des officiers de la chambre, peuvent être cumulées lorsque le nombre des membres qui la composent est au dessous de sept, dans le cas déterminé par l'art. 9 de la présente ordonnance, et néanmoins, les fonctions de président, de syndic et de rapporteur sont toujours exercées par trois personnes différentes.

Quel que soit le nombre des membres composant la chambre, les mêmes fonctions peuvent aussi être cumulées momentanément, en cas d'absence ou empêchement de quelqu'un des membres désignés dans l'art. 6, lesquels, pour ce cas, se suppléent entre eux, ou peuvent même être suppléés par un autre membre de la chambre.

Les suppléants sont nommés par le président, ou, s'il est absent, par la majorité des membres présents, en nombre suffisant pour délibérer.

De la discipline.

12. Il est interdit aux Notaires, soit par eux-mêmes, soit par personnes interposées, soit directement, soit indirectement :

1° De se livrer à aucune spéculation de bourse ou opération de commerce, banque, escompte et courtage;

2° De s'immiscer dans l'administration d'aucune société, entreprise ou compagnie de finances, de commerce ou d'industrie;

3° De faire des spéculations relatives à l'acquisition

et à la revente des immeubles, à la cession de créances, droits successifs, actions industrielles et autres droits incorporels;

4° De s'intéresser dans aucune affaire pour laquelle ils prêtent leur ministère;

5° De placer en leur nom personnel des fonds qu'ils auraient reçus, même à la condition d'en servir l'intérêt;

6° De se constituer garants ou cautions, à quelque titre que ce soit, des prêts qui auraient été faits par leur intermédiaire, ou qu'ils auraient été chargés de constater par acte public ou privé;

7° De se servir de prête-noms, en aucune circonstance, même pour des actes autres que ceux désignés ci-dessus.

13. Les contraventions aux prohibitions portées en l'article précédent, seront, ainsi que les autres infractions à la discipline, poursuivies, lors même qu'il n'existerait aucune partie plaignante, et punies suivant la gravité des cas, en conformité des dispositions de la loi du 25 ventôse an XI et de la présente ordonnance (1).

14. La chambre pourra prononcer contre les Notaires, suivant la gravité des cas, soit le rappel à l'ordre, soit la censure simple, par la décision même, soit la censure avec réprimande, par le président, aux Notaires en personnes, dans la chambre assemblée, soit la privation de voix délibérative dans l'assemblée

_____

(1) Voir art. 53 de la loi du 25 ventôse an XI.

générale, soit l'interdiction de l'entrée de la chambre, pendant un espace de temps qui ne pourra excéder trois ans, pour la première fois, et qui pourra s'étendre à six ans, en cas de récidive.

15. Si l'inculpation paraît assez grave pour mériter la suspension ou la destitution du Notaire inculpé, la chambre s'adjoindra, par la voie du sort, d'autres Notaires de l'arrondissement, savoir : celle de Paris, dix Notaires, et les autres chambres un nombre inférieur de deux à celui de leurs membres.

La chambre ainsi composée émettra, par forme de simple avis et à la majorité absolue des voix, son opinion sur la suspension et sa durée, ou sur la destitution.

Les voix seront recueillies, en ce cas, au scrutin secret par oui ou par non, mais l'avis ne pourra être formé qu'autant que les deux tiers au moins de tous les membres appelés à l'assemblée seront présents.

16. Quand la chambre, ainsi composée, sera d'avis de provoquer la suspension ou la destitution, une expédition du procès-verbal de sa délibération sera déposée au greffe du tribunal, et une expédition en sera remise au procureur du roi.

17. Le syndic déférera à la chambre les faits relatifs à la discipline, et il sera tenu de les lui dénoncer, soit sur l'invitation du procureur du roi, soit sur la provocation des parties intéressées ou d'un des membres de la chambre.

Le Notaire inculpé sera cité à comparaître devant la chambre dans un délai qui ne pourra être au dessous de cinq jours, à la diligence du syndic, par une simple lettre indicative des faits , signée de lui , et envoyée par le secrétaire, qui en tiendra note.

Si le notaire ne comparaît point sur la lettre du syndic, il sera cité une seconde fois, dans le même délai, à la même diligence, par ministère d'huissier.

18. Quand aux différends entre Notaires (1) et aux difficultés sur lesquelles la chambre est chargée d'émettre son avis, les Notaires pourront se présenter contradictoirement et sans citation préalable, devant la chambre; ils pourront également y être cités, soit par simples lettres énonçant les faits, signées des Notaires qui s'adressent à la chambre et envoyées par le secrétaire, auquel ils en remettent des doubles, soit par des actes d'huissier, dont ils déposeront les originaux au secrétariat ; les lettres et citations seront préalablement visées par le président de la chambre.

Le délai pour comparaître sera celui fixé par l'art. 17 de la présente ordonnance.

19. Lorsqu'un Notaire sera parent ou allié en ligne directe, à quelque degré que ce soit, et en ligne collatérale, jusqu'au degré d'oncle ou de neveu, inclusivement, de la partie plaignante ou du Notaire inculpé, ou intéressé, il ne pourra prendre part à la délibération.

20. La chambre prendra ses délibérations sur les plaintes et réclamations des tiers, après avoir entendu ou dûment appelé, dans la forme ci-dessus prescrite,

---

(1) Voir art. 22 des nouveaux statuts de la ch. des Notaires de Paris. — Code du Not. de M. Rolland de Villargues, t. Ier, p. 245.

les Notaires inculpés ou intéressés, ensemble les tiers qui voudront être entendus, et qui, dans tous les cas, pourront se faire représenter ou assister par un Notaire.

Les délibérations de la chambre seront motivées et signées par le président et le secrétaire, à la séance même où elles seront prises.

Chaque délibération contiendra les noms des membres présents.

Ces délibérations n'étant que de simples actes d'administration, d'ordre ou de discipline, ou de simples avis, ne sont, dans aucun cas, sujettes à l'enregistrement, non plus que les pièces y relatives.

Les délibérations de la chambre sont notifiées quand il y a lieu, dans la même forme que les citations, et il en est fait mention par le secrétaire, en marge desdites délibérations.

21. Les assemblées de la chambre se tiendront en un local à ce destiné, dans la ville où elle sera établie.

22. Il y aura, chaque année, deux assemblées générales des Notaires de l'arrondissement.

D'autres assemblées générales pourront avoir lieu toutes les fois que la chambre le jugera convenable.

Les assemblées générales ou extraordinaires seront convoquées conformément aux dispositions de l'art. 6.

Tous les Notaires du ressort de la chambre seront invités à s'y rendre, soit pour les nominations dont parle l'art. 25 ci-après, soit pour se concerter sur ce ce qui intéressera l'exercice de leurs fonctions.

23. Les réglements qui seront faits, soit par l'as-

semblée générale, soit par la chambre, seront remis au procureur du roi, adressés par lui au procureur général et soumis à l'approbation de notre garde-des-sceaux, ministre de la justice.

24. La présence du tiers des Notaires de l'arrondisment, non compris les membres de la chambre, sera nécessaire pour la validité des délibérations de l'assemblée générale et pour les élections auxquelles elle procèdera.

Nomination des membres de la Chambre et durée de leurs fonctions.

25. Les membres de la chambre seront nommés par l'assemblée générale des Notaires, convoquée à cet effet.

La moitié au moins desdits membres sera choisie dans les plus anciens en exercice formant les deux tiers de tous les Notaires du ressort.

Deux au moins des membres appelés à faire partie des chambres établies dans un chef-lieu de cour royale, seront nécessairement choisis parmi les Notaires résidant au chef-lieu.

Quant aux autres chambres, un de leurs membres sera nécessairement choisi parmi les Notaires de la ville où siège le tribunal de première instance.

La nomination aura lieu à la majorité absolue des voix, au scrutin secret et par bulletin de liste contenant un nombre de noms qui ne pourra excéder celui des membres à nommer.

Le Notaire élu membre de la chambre, ne pourra refuser les fonctions qui lui auront été déférées qu'au-

tant que son refus aura été agréé par l'assemblée générale.

26. La chambre sera renouvelée par tiers, chaque
année, pour les nombres qui comportent cette division
et par portions approchant le plus du tiers pour les
autres nombres, en faisant alterner chaque année les
portions inférieures et supérieures au tiers, mais en
commençant par les inférieures, et de manière que,
dans tous les cas, aucun membre ne puisse rester en
fonctions plus de trois ans consécutifs, sauf ce qui est
dit en l'article précédent.

27. Les membres désignés pour composer la chambre, nommeront entre eux, en suivant le mode de l'art.
25, le président et les autres officiers, dont parle
l'art. 6.

Le président sera toujours pris parmi les plus anciens, désignés dans l'art. 25, sauf l'application de
l'art. 8.

Ces nominations se renouvelleront chaque année :
les mêmes pourront être réélus, à égalité de voix; le
plus ancien d'âge sera préféré.

Les membres élus officiers ne pourront refuser (1).

28. La nomination des membres de la chambre
aura lieu dans la première quinzaine du mois de mai
de chaque année.

L'élection des officiers sera faite, au plus tard, le
15 mai et la chambre sera constituée aussitôt après
cette élection.

---

(1) Voir art. 28 des nouveaux statuts des Notaires de Paris.

Des Notaires honoraires.

29. Le titre de Notaire honoraire pourra être conféré par nous, sur la proposition de la chambre et le rapport de notre garde-des-sceaux, ministre de la justice, aux Notaires qui auront exercé leurs fonctions pendant vingt années consécutives (1).

30. Les Notaires honoraires auront le droit d'assister aux assemblées générales.

Ils auront voix consultative.

Des aspirants au Notariat.

31. Tout clerc qui aspirera aux fonctions de Notaire, se pourvoira d'un certificat du Notaire chez lequel il travaillera. Ce certificat constatera le grade qu'il occupe dans l'étude du Notaire (2).

32. L'inscription au stage, prescrit par les art. 36 et suivants de la loi du 25 ventôse an XI, aura lieu, sur la production faite par l'aspirant, de son acte de naissance et du certificat mentionné en l'article précédent.

33. Il sera tenu à cet effet, par le secrétaire, un registre, qui sera coté et paraphé par le président.

---

(1) Les Notaires qui résigneront leurs offices après en avoir fait l'exercice vingt années consécutives, jouiront, sans payer le droit de confrérie, des honneurs, séances, voix délibérative et distribution de ladite communauté, en laquelle toutefois ils ne pourront présider ni aller les premiers à l'offrande. (Art. 23 des nouveaux statuts des Notaires de Paris, homologués par arrêt du 13 mai 1681.)

(2) Voir art 35, n° 4, de la loi du 25 ventôse an XI.

Les inscriptions audit registre, seront signées tant par le secrétaire de la chambre que par l'aspirant.

Elles devront être faites dans les trois mois de la date du certificat délivré, comme il est dit en l'art. 31.

Ce certificat et l'acte de naissance de l'aspirant resteront déposés aux archives de la chambre.

34. Aucun aspirant au Notariat ne sera admis à l'inscription s'il n'est âgé de dix-sept ans accomplis.

35. Les inscriptions pour les grades inférieurs à celui de quatrième clerc, ne seront admises que sur l'autorisation de la chambre, qui pourra la refuser lorsque le nombre des clercs demandé, sera évidemment hors de proportion avec l'importance de l'étude.

Le même grade ne pourra être conféré concurremment à deux ou plusieurs clercs dans la même étude.

36. Toutes les fois qu'un aspirant passera d'un grade à un autre, ou changera d'étude, il sera tenu d'en faire, dans les trois mois, la déclaration qui sera reçue dans la forme prescrite par l'art. 33 ci-dessus.

Cette déclaration sera toujours accompagnée d'un certificat constatant son grade.

37. Les chambres exerceront une surveillance générale sur la conduite de tous les aspirants de leur ressort et pourront, suivant les circonstances, prononcer contre eux, soit le rappel à l'ordre, soit la censure, soit enfin la suppression du stage pendant un temps déterminé, qui ne pourra excéder une année.

Il sera procédé contre les clercs dans les mêmes formes que celles prescrites par la présente ordonnance à l'égard des Notaires.

Néanmoins, les dispositions des art. 15 et 46, ne seront pas applicables.

Dans tous les cas, le Notaire dans l'étude duquel travaillera le clerc inculpé, sera préalablement entendu ou appelé.

38. Dans le mois de la publication de la présente ordonnance, le registre d'inscription prescrit par l'art. 33, sera ouvert au secrétariat des chambres où ce mode de constater le stage ne serait pas déjà établi.

Tous les aspirants travaillant dans les études du ressort desdites chambres, seront tenus de se faire inscrire au plus tard avant le premier avril prochain et la première inscription de chacun d'eux, faite dans ledit délai, constatera tout le temps du stage qui leur sera déjà acquis en vertu des certificats qu'ils représenteront, lesquels, pour cette première inscription, devront être visés par le syndic de la chambre.

De la bourse commune.

39. Il y aura une bourse commune pour les dépenses de la chambre.

Il n'y sera versé que les sommes nécessaires pour subvenir aux dépenses votées par l'assemblée générale.

La délibération par laquelle l'assemblée générale l'aura établie, sera soumise à l'approbation de notre garde-des-sceaux, ministre de la justice, ainsi qu'il est dit en l'art. 23 ci-dessus.

La répartition des sommes votées entre les Notaires

de l'arrondissement sera proposée par l'assemblée générale, le rôle en sera rendu exécutoire par le premier président sur l'avis du procureur-général.

Dispositions générales.

40. L'arrêté du deux nivôse an XII est abrogé.

Néanmoins les chambres actuellement en exercice sont maintenues.

Elles seront organisées conformément à la présente ordonnance lors du renouvellement triennal qui aura lieu dans la première quinzaine du mois de mai prochain.

Notre garde-des-sceaux, ministre de la justice et des cultes, est chargé, etc.

Loi du 21 Juin 1843.

ART. 1er. Les actes notariés, passés depuis la promulgation de la loi du 25 ventôse an XI, ne peuvent être annulés par le motif que le Notaire en second ou les deux témoins instrumentaires n'auraient pas été présents à la réception desdits actes (1).

2. A l'avenir, les actes notariés, contenant donation entre vifs, donation entre époux, pendant le mariage, révocation de donation ou de testament, reconnaissance d'enfants naturels et les procurations pour con-

---

(1) Voir art. 9 de la loi du 25 ventôse an XI.

sentir ces divers actes, seront reçus conjointement par deux Notaires, ou par un Notaire en présence de deux témoins.

La présence du Notaire en second ou des deux témoins, n'est requise qu'au moment de la lecture des actes par le Notaire et de la signature par les parties ; elle sera mentionnée à peine de nullité.

3. Les autres actes continueront à être régis par l'art. 9 de la loi du 25 vent. an XI, tel qu'il est expliqué dans l'art. 1er de la présente loi.

4. Il n'est rien innové aux dispositions du Code civil sur la forme des testaments (1).

---

(2) Voir art. 972 code civil.

TABLEAU

DES DROITS PROPORTIONNELS D'ENREGISTREMENT,

NATURE DES ACTES.	ÉTABLIS PAR LES LOIS				
	Du 22 Frim.re au 7.	Du 27 Vent. an 9.	25 Avril 1816.	16 Juin 1824.	21 Avril 1832.
	f. c.	f. c.	f. c.	f. c.	f. c.
Antichrèse.	2 »	»	»	»	»
Atermoiement.	» 50	»	»	»	»
Bail à ferme ou à loyer.	1 »	» 75	»	» 20	»
— à cheptel.	» 25	»	»	» 20	»
— à rente.	4 »	»	5 50	»	»
Billet à ordre.	» 50	»	»	»	»
Brevet d'apprentissage portant obligation de somme.	» 50	»	»	»	»
Cautionnement.	» 50	»	»	»	»
— sur un bail.	» »	» 37	»	» 10	»
Cession d'action.	» 50	»	»	»	»
— d'off. ministériel à titre onéreux.	»	»	»	»	2 »
— à titre gratuit (suivant les dispositions des lois concernant les biens meubles.	»	»	»	»	»
Constitution de pensions alimentaires par des enfans, en faveur de leurs père et mère.	»	»	»	» 20	»
Constitution de rente.	2 »	»	»	»	»
DONATION PAR CONTRAT DE MARIAGE. Biens Immeubles.					
1º en ligne directe.	2 75	»	»	»	»
2º d'un futur époux à l'autre.	»	»	3 »	»	»
3º par des frères et sœurs, oncles, tantes, neveux et nièces.	»	»	4 »	»	4 50
4º grands-oncles et grand'tantes, petits-neveux et petites-nièces, cousins germains.	»	»	4 »	»	5 »
5º Parens au delà du 4e. degré jusqu'au 12e.	»	»	4 »	»	5 50
6º Personnes non parentes.	»	»	5 »	»	6 »
Biens Meubles :					
1re catégorie.	62 c 1/2	»	»	»	»

NATURE DES ACTES.	22 Frim.re an 7.	28 Avril 1816.	16 Juin 1824.	24 Avril 1832.
	f. c.	f. c.	f. c.	f. c.
2e catégorie	»	» 75	»	»
3e —	»	1 25	»	2 »
4e —	»	1 25	»	2 50
5e —	»	1 25	»	3 »
6e —	»	1 75	»	4 »
Dation en paiement (voyez vente)	»	»	»	»
Délégation de créance	1 »	»	»	»
Dépôt de sommes chez des particuliers	1 »	»	»	»
DONATION ENTRE-VIFS.				
Biens Immeubles.				
1o en ligne directe { avec partage	»	»	1 »	»
1o en ligne directe { non partage	2 50	4 »	»	»
2o d'un époux à un autre époux	2 50	4 50	»	»
3o par des frères et sœurs, oncles et tantes, neveux et nièces	5 »	6 50	»	6 50
4o grands-oncles et grand'tantes, petits-neveux et petites-nièces, cousins-germains	5 »	6 50	»	7 »
5o Parens au delà du 4e degré jusqu'au 12e	5 »	6 50	»	8 »
6o Personnes non parentes	5 »	8 50	»	9 »
Biens Meubles.				
1re catégorie { avec partage	»	»	» 25	»
1re catégorie { non partage	1 25	»	»	»
2e —	»	1 50	»	»
3e —	2 50	2 50	»	3 »
4e —	2 50	2 50	»	4 »
5e —	2 50	2 50	»	5 »
6e —	2 50	3 50	»	6 »
Echange d'immeubles	2 »	2 50	»	»
Lettre de change	»	» 25	»	»
Licitation d'immeubles entre co-héritiers et co-acquéreurs	4 »	»	»	»
Marchés faits avec des ouvriers	»	2 »	»	»
Obligation de sommes	1 »	»	»	»
— à la grosse aventure	» 50	»	»	»
Quittance de sommes et valeurs	» 50	»	»	»
Rachat exercé par suite du droit de réméré	» 50	»	»	»
Successions :				
Les mutations effectuées par décès ou par testamens et autres actes de libéralité, sont passibles des droits ci-après	»	»	»	»
Biens Immeubles.				
1o en ligne directe	1 »	»	»	»
2o entre époux	3 »	»	»	»

NATURE DES ACTES.	22 Prim.re an 7.		28 Avril 1816.		16 Juin 1824.		24 Avril 1832.	
	f.	c.	f.	c.	f.	c.	f.	c.
3° entre frères et sœurs, oncles et tantes, neveux et nièces.	5	»	5	»	»		6	50
4° grands-oncles et grand'tantes, petits-neveux et petites-nièces, cousins-germains.	5	»	5	»	»		7	»
5° Parens au-delà du 4° degré jusqu'au 12e.	5	»	5	»	»		8	»
6° Personnes non parentes.	5	»	7	»	»		9	»
Biens Meubles.								
1re catégorie.	»	25	»		»		»	
2e —	»		1	50	»		»	
3e —	»		2	50	»		3	»
4e —	»		2	50	»		4	»
5e —	»		2	50	»		5	»
6e —	»		3	50	»		6	»
Transport de créances.	1	»	»		»		»	
— de rentes.	2	»	»		»		»	
— de rentes créées antérieurement à la loi du 11 brumaire, an 7.	»		»		3	50	»	
Ventes de meubles et objets mobiliers.	2	»	»		»		»	
— de biens immeubles.	4	»	5	50	»		»	

DROITS FIXES.

NATURE DES ACTES.	22 Frim.re au 7.		28 Avril 816.		
	f.	c.			
Abandonnement de biens par un débiteur à ses créanciers.	5	»	»	»	
Acceptation pure et simple.	1	»	»	»	
Acte de suscription d'un tes.t myst.	1	»	»	»	
— respectueux, sa notification.	1	»	»	»	
— refait pour cause de nullité.	1	»	2	»	
— de notoriété.	1	»	2	»	
— innommé.	1	»	»	»	
Affectation d'immeubles par le débiteur au paiement d'une obligation enregistrée.	1	»	»	»	
Autorisation pure et simple.	1	»	2	»	
Brevet d'apprentissage ne contenant aucune obligation de somme ni quittance.	1	»	»	»	
Cahier des charges.	1	»	»	»	
Compromis.	1	»	3	»	
Consentement pur et simple.	1	»	2	»	
Contrat de mariage.	3	»	5	»	
Copies collationnées.	1	»	»	»	
Décharge pure et simple.	1	»	2	»	
Déclaration de command.	1	»	3	»	
— pure et simple.	1	»	2	»	
Délivrance de legs.	1	»	»	»	
Dépôt d'actes et pièces.	1	»	2	»	
Désistement pur et simple.	1	»	2	»	
Devis d'ouvrages et entreprises.	1	»	»	»	
Donation entre vifs, non acceptée.	1	»	»	»	
(sur l'acceptation, les droits proportionnels sont perçus suivant les règles ci-dessus.)					
Donation éventuelle par contrat de mariage ou entre époux pendant le cours du mariage	3	»	5	»	1 fr.
Endossement de lettres de change ou de billets (acte innommé).	»	»	»	»	
État de dettes.	1	»	»	»	
Inventaire (par chaque vacation).	2	»	»	»	
Main-levée pure et simple.	2	»	»	»	
Nomination d'experts.	1	»	2	»	
Offres réelles non acceptées.	»	»	2	»	
Partage de biens meubles et immeubles.	3	»	5	»	
Prise de possession.	1	»	»	»	
Procès-verbal de délivrance de 2e grosse, de compulsoire, etc.	2	»	»	»	
Procuration.	1	»	2	»	
Prorogation de délai par un créancier à son débiteur.	1	»	»	»	

NATURE DES ACTES.	22 Frim.re an 7.		28 Avril 1846.		
	f.	c.	f.	c.	
Protèt....................................	»	»	»	»	2 fr.
Ratification pure et simple...............	1	»	»	»	
Reconnaissance pure et simple.............	1	»	2	»	
Reconnaissance d'enfant naturel...........	»	»	5	»	
Renonciation à mandat.....................	»	»	2	»	
Renonciation à legs ou donation...........	1	»	»	»	
Résiliement dans les 24 heures de l'acte résilié.	1	»	2	»	
Réunion de l'usufruit à la propriété......	1	»	3	»	
Révocation et rétractation................	»	»	2	»	
Société (acte de).........................	3	»	5	»	
— dissolution............................	3	»	5	»	
Testament.................................	3	»	5	»	
Titre nouvel..............................	1	»	3	»	
Transaction...............................	1	»	3	»	
Union de créanciers.......................	5	»	»	»	
Vente de navires..........................	»	»	1	»	

PROJET D'UN TARIF NOUVEAU

(Voir notre proposition de réforme, page 194.)

DROITS D'ENRÉGISTREMENT FIXÉS PAR CLASSE.

NATURE des ACTES.	Droits établis par les lois.		A raison d'un revenu dûment constaté (1) ou déclaré de :				
	du 22 Frim^re an 7.	du 28 Avril 1846.	100 francs et au-dessus.	Jusqu'à 300.	Jusqu'à 500 fr.	Jusqu'à 1,000 fr.	Au-dessus.
	f. c.	f. c.	f. c.	f. c.	f. c.	f. c.	f. c.
Compromis.	1 »	3 »	3 »	6 »	9 »	12 »	18 »
Contrat de mariage. .	3 »	5 »	3 »	6 »	9 »	12 »	15 »
Donation éventuelle. .	3 »	5 »	3 »	6 »	9 »	12 »	15 »
Inventaire (par vac.^on).	2 »	» »	2 »	3 »	4 »	6 »	8 »
Partage.	3 »	5 »	4 »	6 »	8 »	10 »	12 »
Reconnaissance d'en- fans naturels. . . .	3 »	5 »	5 »	8 »	12 »	16 »	24 »
Société.	3 »	5 »	5 »	7 »	10 »	12 »	20 »
— dissolution. . .	3 »	5 »	4 »	6 »	8 »	10 »	12 »
Testament.	3 »	5 »	4 »	8 »	12 »	16 »	20 »
— suscription. . .	1 »	» »	2 »	4 »	6 »	8 »	10 »
Transaction.	1 »	3 »	3 »	6 »	10 »	16 »	20 »

(1) Ce revenu dûment constaté serait égal au 20e de toutes les valeurs, tant mobilières qu'immobilières, figurant dans les actes ; ce
serait une première justice rendue à la propriété foncière contre la
propriété mobilière trop évidemment favorisée dans nos lois bursales.

Nota. Ces droits par classe n'étant destinés qu'à suppléer les droits
fixes ordinaires, ne dispenseraient point de l'acquit des droits proportionnels suivant les circonstances et en conformité des lois existantes.

NOTICE BIBLIOGRAPHIQUE

SUR

LES OUVRAGES ANCIENS ET MODERNES

CONCERNANT LE NOTARIAT.

1 *Formules Angevines et Alsaciennes des actes*, mentionnées par P. Pithou, comment. sur la cout. de Troyes, 1660; in-4°.

2 *Formules des actes*, par Marculfe (VII° siècle), en deux livres, dont le second sous le titre de : *Chartæ Pagenses*, renferme les actes concernant les particuliers, publiés par Jér. Bignon, 1613, nouv. édit., in-8. Baluze, 1677, in-f°.

3 *Liber unus de officio notariorum*, par Fuscarius, Bologne, 1205.

4 *Formulaire ou Protocole pour les Notaires*, 1470.

5 *Rolandini Patavini* (Rolandino de Padoue), *ars Notaria*, Lyon, 1490 ou 1500.

6 *Ars Notariatus*, Paris, 1515, in-8. — 1562, in-4°.

7 *Catalogus gloriæ mundi*, par Chasseneux ou Chassanée, verb. Not., Lyon, 1527, in-f°.

8 *Formulare instrumentorum, additâ arte Notariatûs*, Paris, 1522 et 1534.

8 *bis. De Notario*, par Papon, *lib. duo.* — 1545.

9 *Jacobus Gohorius, de arte Notariâ*, Paris, 1550, in-8.

10 *Artis Notariatûs, sive tabellionum*, tom. prim. et sec., par Rolandino, Lyon, 1550.

11 *Doctrinale florum artis Notariæ, seu formularium, instrumentorum cùm allegationibus utriusque juris canonici et civilis, additis per magistrum Joannem de Gradibus,* Lyon, 1550, in-8.

12 *Le Protocole, l'Art et style des Tabellions.*—Paris, 1550, in-8. 2ᵉ édit., 1553. — En tête de cet ouvrage on lit : « le *Typographe à tous benings lecteurs, donne perpétuel salut.* »

13 *Instrument du 1ᵉʳ Notaire. — Trias judiciel du 2ᵉ Notaire. — Secrets du 3ᵉ Notaire,* par Jehan Papon, Lyon, 1568-74-78, 3 vol. in-fᵒ. — 2ᵉ édit., Lyon, 1580-85. — 3ᵉ édit., Lyon, 1676-77, 2 vol. in-fᵒ.

14 *Théorique de l'art des Notaires,* par Pardoux-Duprat, Lyon, 1572, in-8. — 2ᵉ édit., 1582. — 3ᵉ édit., 1589, in-12.

15 *Style et protocole des Notaires;* Paris, 1574, in-8.

16 *Pratique de l'art des Notaires,* par Pardoux-Duprat, Lyon, 1582, in-12.

17 *Conférences sur le Notariat,* par Guenois, 1596, in-fᵒ.

18 *Traité du Notariat,* par Samson Hersog (en allemand), Strasbourg, 1599, in-fᵒ.

19 *Le vray et parfait instructif de la théorie et pratique générale des Notaires,* par de Beaune, Paris, 1605, in-fᵒ.

20 *De affinitate notariorum libellus Notarialus artem continens,* Jean Brouet, Paris, 1605, in-8.

21 *Remontrances au roy sur les faux Notaires,* Jean de Crozet, Lyon, 1610, in-8.

22 *Chartes, lettres et titres des pouvoirs et facultés attribués aux Notaires, gardes-notes au Châtelet de Paris,* Jean Sara, Paris, 1619, in-4ᵒ.

23 *Théorique et pratique des Notaires,* par Philippe Cothereau, notaire; Paris, 1627, in-8.

24 *Recueil des édits de création des offices de Notaires, tabellions et gardes-notes héréditaires*, Paris, Charpentier, 1633, in-8.

* 24 *bis. Le Parfait Notaire*, par Claude Berguère, 1er sénateur de Savoie ; Genève, 1635.

25 *Le Vrai style et protocole des Notaires royaux*, par Rochette, Paris, 1644, in-8.

26 *Discours pour montrer qu'un gentilhomme peut, sans déroger, être Notaire au Châtelet*, par Pageau ; Paris, 1650, in-4°.

27 *Nouveau style général des Notaires apostoliques*, Paris, 1654, in-8 ; 2° édit., 1672, in-4°.

* 28 *Questions notariales*, par Gérault de Meynard, in-8.

29 *L'Office et pratique des Notaires*, par Et. Corrozet, 1658, in-8. — 2e édit., 1665, in-8.

30 *Chartres, lettres, titres et arrêts de l'antiquité, droits, fonctions, etc., des Notaires au Châtelet*, par Guill. Lévesque, not., Paris, 1662, in-4°.

* 31 *Bibliothèque du droit français*, par Bouchel, verb. notaire, Paris, 1671, 3 vol. in-folio.

32 *Le nouveau parfait Notaire français*, par Jean Cassan, Paris, 1672, in-8.

33 *Statuts et réglements de la communauté des conseil. du roy, not. au Châtelet de Paris*, 1687, in-4°, 1711, in-4°.

34 *La science parfaite des Notaires*, par Claude Ferrière, Paris, 1682, in-4°. — 2e édit , 1699, in-4°.

* 35 *Réflexions morales sur les devoirs des Notaires et sur leurs défauts. — Tractatus juridicus de officio Notariatus, ejusdemque dignitatis, usu et abusu*, Paris 1692, Michel Guérout, in-12.

* 36 *Parfait Notaire apostolique*, par Horry, 1693-1788.

* 36 *bis. Du devoir des juges et de ceux qui sont dans les fonctions publiques*, par Perchambault, 1695, in-4°.

37 *Recueil des édits concernant la suppress. des off. de gardes-scels et création de vingt off. de Notaires*, 1698, in-4°.

38 *Le Jurisconsulte cartulaire, ou explication des principales clauses des actes*, par E. B..., avocat, Paris, 1698, in-12. — 1701, in-12.

* 39 *Traité des off., v° Not.*, par Loyseau, Lyon, 1701, in-fol.

40 *La science parfaite des Notaires avec les styles, protocoles, etc.*, par Joseph Ferrière, Paris, 1715, 2 vol. in-4°. — 2° édit. 1721, in-4°. — 1728 et 1733, in-4°.

41 *Diverses observations de droit et recherches des offices de Notaires et Tabellions royaux*, par Bernard, Bordeaux, 1717, in-4°.

* 41 bis. *Traité des offices*, par Joly. — Verb. Notaire, 1720.

42 *Le nouveau et parfait Notaire*, de Cassan, corrigé et augmenté, par Bruneau, avocat, Paris, 1723.

* 43 *Dictionnaire de la Jurisprudence univers. des parlements de France*, par Brillon, v° Not. 6 vol. in-folio, 1727.

44 *Supplément au nouveau et parfait Notaire*, de Jean Cassan, par Devismes, Paris, 1728, in-8.

45 *Parfait Notaire apostolique*, par Jean-Louis Brunet, avocat, Paris, 1730. — 2° édit., Lyon, 1775, 2 vol. in-4°

* 46 *Dictionnaire des cas de conscience*, par Delamet et Fromageau, v° Not., Paris, 1733, 2 vol. in-folio.

* 47 *Dictionnaire de droit et de pratique*, par Ferrière, v° Not., 1734, 1740, 1771 et 1779, 2 vol. in-4°.

48 *Traité des droits, priv. et fonct. des conseil. du roy, Not. au Chât.*, par F. Langlois, not., Paris, 1738, in-4°.

* 49 *Nouveau Notaire apostolique*, par Langlois, 1739, in-4°.

50 *Le nouveau et parfait Notaire*, de Jean Cassan, nouv. édit. en forme de dictionn., par Devismes, Paris, 1749, in-4°,

51 *La science parfaite des Notaires*, de Ferrière, augmentée par Devismes , Paris, 1752, 2 vol. in-4". — 1761-1771.

' 52 *Le Praticien Français*, par Lange, dern. édit. Paris, 2 vol. in-4°, 1755.

' 53 *Dictionn. économ.* par Chomel et de la Marre, verb. Not., Paris, 1767, 3 vol. in-folio.

54 *Mém. en forme de réfut. du livre de Denisart sur l'orig. des Not.*, par Renaud, Paris, 1768, in-4°.

55 *Traité des connaiss. nécess. à un Notaire*, par Blondèla, Paris , 1774-76, 5 vol. in-12, 2ᵉ édit. Paris, Nyon, 1788-90, 6 vol. in-12.

56 *Continuation du traité des droits, privil. et fonct. des Not.*, etc., de Langlois, par Regnault , not., 1784, in-4°.

57 *Code des Notaires, publics* par Guichard, Paris, 1792 , 3 vol. in-12. — 2ᵉ édit. intitulée *Code et Guide des Not, publ.*, Paris, 1799; avec suppl., 1803, 4 vol. in-12.

58 *Rép. génér. des lois, organ. et réglem. du Notariat*, par Tiphaine, Paris, 1802, in-8. — 2ᵉ édit., 1809, in-8.

59 *Considér. sur le Notariat*, par Bonnomet, notaire, Paris, 1803, in-8.

60 *Organisation du Notariat*, par Favard, Paris, 1803, in-12.

61 *Jury notarial*, par Carlat, notaire, Paris, 1803, in-12.

62 *Nouveau style des Notaires de Paris*, par Commaille, avocat, Paris, 1803, 6 vol. in-8.

63 *Tableau des Notaires de l'empire français*, par Delepierre, Paris, 1805, in-8.

64 *Manuel du Notaire*, par Goux, not., 1805-1808-1811, in-8 ; 4ᵉ édit., Toulouse, 1818, in-8.

65 *Guide des Notaires et des employés de l'enregist.*, 6 vol. — 2ᵉ édit., 5 vol. in-8, Paris, 1806.

66 *Répert. de la législ. du Notariat*, par Favard, Paris, 1807,
in-4°.—2° édit., par le baron Favard de Langlade et sous
le titre de *Répert. de législ. univ. du Notariat*, 2 vol. in-4°,
1829. — 3° édit., 1837, 2 vol. in-4°.

67 *Eléments de la science Notariale*, par Loret, avocat, Paris,
1807, 3 vol. in-4°.

68 *Traité élément. du Notariat*, par Garnier-Deschesnes, not. hon.,
Paris, 1807, in-4° et in-8.—2° édit., 1808, in-4° et in-8.—
Formules d'actes, 1812, in-4°.

69 *Parfait Notaire, ou la science des Notaires, avec les formules*,
par Massé, not., Paris, 1807, 2 vol. in-4°. — 2° édit.,
Paris, 1809, 2 vol. in-4°. — 3° édit., 1810, 3 vol, in-4°.
— 4° édit., 1813, 3 vol in-4°. — 5° édit., 1821, 3 vol. in-
4°. — 6° édit., 1827-28, 3 vol. in-4°.

70 *Essai sur les obligations que les lois imposent aux Notaires*,
par Fouquet, avoc. Paris, 1809-10.

71 *Code notarial ou recherch. chronol. des lois, arrêtés, etc., con-*
cernant le Notariat, par un Notaire de Riom ; Riom, 1811,
in-8.

72 *Formulaire des Notaires*, par Rippert, Paris, 1812, in-8.

73 *Analyse raisonnée des motifs de la loi de l'an XI, sur le No-*
tariat, par H. G., 1812, in-8°

74 *Manuel pratique du Notariat*, par Fleury, notaire, Paris,
1813, in-8.

75 *Manuel des contrav. et nullités relat. au Notariat*, par C. Roy,
Chaumont, 1814, in-8.

76 *Recueil des lois, décrets, etc., sur les émoluments des Notaires*,
par Remy, not., 1813, in-8.

77 *De la Nécessité d'ériger en titres d'off. les fonct. de not.*,
avoués, etc., par M. Rolland de Villargues, suivi d'une table des ouvrages publiés sur le Not., par M. Fouquet, Paris, 1815,
in-8.

78 *Histoire du Notariat*, par M. Berge, not., 1815, in-12.

79 *Tarif des Notaires ou traité du Notariat,* par Renaud, not., 1815, in-8, — 2e édit., 1816.

80 *Annuaire des Notaires,* par Launay, not., 1817, in-12.—2e édit., avec le titre de *Manuel portatif des Not.,* in-12, 1822.

81 *Mémorial des Notaires,* par Pertuis, Blois, 1818, in-8.

82 *Nouveau Manuel des Notaires,* par deux avocats, Paris, 1818, in-8.— 2e édit. 1822 ; et 3e édit., sous le titre de *Nouveau parfait Notaire,* Paris, 1828, 2 vol. in-8.

83 *Almanach de MM. les Notaires et avoués de France,* par Maugeret, Paris 1819, in-12.

84 *Manuel des clercs de Notaires,* 4 feuilles in-12, Senlis, 1819.

85 *Précis alphabétique de la science notariale,* par Delmas-de-Terregaye, not., 1820, in-8.

86 *Essai sur le Notariat,* par Dupuis, not., 1820. in-8.

87 *Introduction au Notariat,* par Lequien, Douai, 1820, in-12.

88 *Le Pothier des Notaires,* par Ledru, Senlis, 1820, 4 vol in-8.

89 *Dictionn. du Notariat,* par une Société de Jurisconsultes et de Notaires, Paris, 1821-22, 5 vol., in-8.— 2e édit., Paris, 1824-25, 5 vol. — 3e édit., 6 vol. 1829 à 32. — Supplément à la 3e édit., 1836-37, 2 vol. in-8.

90 *La Clef du Notariat,* par Ledru, Paris, 1822, in-8.— 2e éd., 1825. — 4e édit., 1838, in-8.

91 *Analyse raisonnée et conf. des opinions des commentateurs et des arrétistes sur la loi organisatrice du Not.,* par H. G..., in-8, Fontenay-le-Comte, 1822.

92 *Statuts et réglements pour les Notaires de l'arrond. de Gray (Haute-Saône), cont. div. textes des lois et comment. utiles à tous les notaires de France,* par P. J. Cornet, not., 1823, in-8.

93 *Jurisprudence et style du notaire,* par Massé et Lherbette, Paris, 1823-30, 9 vol. in-8.

94 *Essai sur le Notariat*, par Cormier, not., Paris, 1824, in-8.

95 *Loi du 25 ventôse an XI, annotée et conférée avec les lois antérieures*, par Fabre, not., 1824, in-8.

96 *Vade mecum du notaire et du praticien*, Paris, 1824, in-8 (anonyme).

97 *Cours de notariat*, par M. Augan, not., 1825, in 8. — 2ᵉ édit. Paris, 1829, in-8. — 3ᵉ édit., 1843, 2 vol. in-8.

98 *Du notariat dans l'intérêt de la société*, Paris, 1826, in-12.

99 *Répert. de la Jurisp, du not.*, par une société de jurisconsultes et de Notaires, sous la direction de M. Rolland de Villargues, Paris, 1827 à 31, 7 vol. in-8. — 2ᵉ édit., 9 vol. in-8.

100 *Nouveau répertoire de la jurisprudence et de la science du not.*, par Serieys, not., 1828, in-8.

101 *Tableau synoptique de la législation sur le not.*, Paris, 1828, in-4º.

102 *Nouveau formulaire du notariat*, par les auteurs du *Dictionn. du notariat*. Paris, 1828, in-8. — 2ᵉ édit., 2 vol. in.-8.

103 *Du tarif des notaires*, par Vernet, not., Paris, 1829, in-8.

104 *Opinion de M. Dupin aîné, sur le tarif des honoraires revenant aux notaires*, Paris, 1829, in-8.

105 *Dissertations sur la question de la présence aux actes des témoins instrumentaires et du notaire en second*, par E. Laennec, not., Nantes, 1829, in-8.

106 *Dictionnaire des contrav. et nullités relativ. au notariat*, par Roy, Chaumont, 1830, in-8.

107 *Recherches hist. sur l'origine du notariat* DANS LE DUCHÉ DE LORRAINE *et réflexions sur les droits, les devoirs et les prérogatives des notaires actuels, suivies d'un tarif des actes notariés*, par M. Noel, not., 1831, in-8.

108 *La Philosophie du notariat, ou lettres sur la profession de no-*
taire, par Cellier, not., 1832, in-8.

* 109 *Cours de rédaction notariale*, par le même, grand in-8.

* 110 *Commentaire sur la loi du 25 ventôse an XI*, par Gagneraux
1834, 2 vol. in-8.

111 *Annuaire général de la magist. française, du notariat et des*
officiers ministériels, par Joye, Paris, 1834, in-8.

112 *Comment. sur la loi du 25 ventôse an XI*, par les rédacteurs
du *Mémor. du not.*, 1834, in-8.

113 *Lettres à M. de Rancé sur l'organ. légale des cours publ. de*
not., par Cellier, not., Rouen, 1835, in-8.

* 114 *Ecole théorique et pratique du notariat*, par Feuilleret,
3 vol. in-8.

* 115 *Du notaire en second et de la nécessité de modifier l'art. 9*
de la loi du 25 vent. an XI, par Drion, Paris, 1836, in-8.

* 116 *Traité théorique et prat. du notariat*, par MM. Clerc, Dalloz
et Vergé, 2 vol. gr. in-8. — Nouv. édit., sous le titre de
Manuel théor. et prat. ou formul. gén. du notariat, suivi
du code des notaires, expliqué et d'un traité abrégé de la
responsabilité des notaires, par les mêmes, 2 vol. gr. in-8
à deux colonnes, 1845.

* 117 *Considérations sur le notariat*, par H. Cellier, not., 1836
in-8.

* 118 *Code du notariat et des droits de timbre, d'enreg. d'hyp. et de*
greffe, par M. Rolland de Villargues, 2 vol. in-8, Paris,
1836. — Le premier volume seulement a paru (1).

* 119 *Taxe du notariat, ou expl. du chap. VII du tarif du 16 fév.*
1807. — 2ᵉ édit., 1836, in-8.

---

(1) Ce volume énonce 103 ouvrages et journaux relatifs au Notariat
nous avons tâché de compléter cette notice bibliographique, et nos ad
ditions sont indiquées par un astérisque.

120 *Nouveau diction. des not. et des prépos. de l'enreg.*, par une société de not. et de jurisc., Paris, 1837-38, 3 vol. gr. in-8.

121 *De la réforme notariale et de la vénal. des off.*, par H. Cellier, not , 2ᵉ édit., 1840, in-8.

122 *Tenue des livres des notaires*, par L. Garnier, Paris, 1841, in-8. — 2ᵉ édit., 1843.

123 *Memento du Notaire*, par Rousset, 1841, in-18.

124 *Manuel des notaires, avec diction. des formul. de tous les actes*, par Sellier, 3 vol. in-4°, 1841-46.

125 *Nouv. formul. des actes des notaires*, par une société de not. et de jurisc., 1842, gr. in-8.

126 *Formulaire du notariat simplifié*, renferm. 48 tabl. synopt., par L. Feuilleret, not., 1842, 3 vol. in-8.

127 *Formules et modèles des actes et contrats*, par H. Cellier, ancien notaire, Paris, 1843, 2ᵉ édit. in-8.

128 *Traité de législ. nouv. du not.*, par Gand, 1843, in-8.

129 *De la responsabilité des not.*, par Pagès, 1843, in-8.

130 *Manuel du notariat*, par Bavoux, ou *Recueil de formules*, 1843, in-32.

131 *De l'admission au notariat*, par Favier Coulomb, 1844, in-8.

132 *Annuaire du notariat*, par M. Milleville, ancien directeur du *Conseil des not.*, Paris 1844, 1 vol. in-18.

133 *Manuel alphabétique des aspirants au not.*, par Gaillard, 1844, in-8.

134 *Commentaire de l'ordonn. du 4 janv. 1843, relat. à l'organ. des chamb, des not. et à la discipl. du notariat*, par Favier-Coulomb, avocat, nouv. édit., 1 vol. in-8.

135 *Précis de la garantie en matière de vente et de transport, appliquée au not.*, par Savy, in-8.

* 136 *De la forme des actes au point de vue de l'intérêt des tiers ou de la Société*, par Allard, not. , in-8.

* 137 *Dictionn. et traité des droits d'enregist. de timbre, d'hypoth. et des contrav. à la loi du 25 vent. an XI*, par MM. Championnière et Rigaud, avoc., 5 vol. in-8.

* 138 *Traité des off. désignés dans la loi de 1816*, par M. Dard, in-8.

* 139 *Opinion de M. Troplong sur le traité des droits d'enreg. de timbre, d'hypoth. et des contrav. aux lois du notariat et le nouv. Dictionn. des droits d'enregist.*, de MM. Championnière et Rigaud, 1 vol. in-8.

* 140 *Agenda et annuaire des notaires pour l'année 1847*, 1 vol. oblong, papier collé, Paris, 1847.

JOURNAUX

RELATIFS AU NOTARIAT:

141 *Annal. de législ. et de jurisprud. du not.*, par une Société de jurisconsultes et de notaires, éditeur Loret, avocat, de mai 1803 à 1827, 25 vol. in-8.

142 *Journal des notaires*, Paris, 1808; de 1815 à 1846, *Journal des notaires et des avocats*, 69 vol. in-8.

143 *Journal du notariat., des hypoth. et de l'enregist.*, 1809 et *années suivantes, continué avec le double titre de questions de jurisprudence notariale*, par M. Rolland de Villargues, in-8, 1813.

144 *Le contrôleur de l'enregist., journ. du notariat, de l'enregist., du timbre et des hypoth.*, fondé par M. Boixo et continué

par plusieurs juriscons., de 1819 à 1846. (1 vol. in-8
par an.)

145 *Mémorial du notariat et de l'enregist.*, paraissant à partir
de 1826, in-8.

146 *Jurisprud. du notariat*, sous la direction de M. Rolland de
Villargues, à partir de 1828, in-8.

147 *Le conseil des notaires et des conserv. des hypoth. — Journal du not. des hypoth. et de l'enreg.*, à partir de juillet
1835, in-8.

' 148 *Archiv. du notariat et des ofi. minist.* (1 vol. in-8 par an.)

' 149 *Journal du notariat et des off. minist.*, par M. Coisnon, av.,
format des journaux politiques. (2 feuilles par semaine,
30 fr. par an.)

150 *Bulletin du notariat*, sous la direction de M. Godineau,
publié à la Rochelle, chez Dausse et Siret (1 vol. in-8.
par an).

TABLE DES MATIÈRES.

CHAPITRE X.

CHAPITRE XI.

CHAPITRE XII.

APPENDICE.

FIN DE LA TABLE DES MATIÈRES.

ERRATA.

Page 7, ligne 10, au lieu de : *à l'aristocratie*, lisez : *aux aristo-cracies*.

Page 15, 2ᵉ note, dernière ligne, au lieu de : page *17*, lisez : *25*.

Page 22, ligne 19, au lieu de : n'*élèverait*, lisez : n'*admettrait*.

Page 23, ligne 7, au lieu de : *donna*, lisez : *donne*. — *Ibid*, ligne 8, au lieu de : *dediscerunt propriæ*, lisez : *didicerunt propriè*.

Page 25, ligne 27, au lieu de : *confrér.*, lisez : *confér*.

Page 36, ligne 31, au lieu de *la vice*, lisez : *le vice*.

Page 37, ligne 8, au lieu de : d'*immortalité*, lisez : d'*immutabilité*.

Page 64, ligne 27, au lieu de *et tient*, lisez : *tient*.

Page 113, ligne 25, au lieu de : *du reste*, lisez : *de reste*.

Page 115, ligne 26, au lieu de : *vous aurez*, lisez : *que vous aurez*.

Page 129, ligne 19, au lieu de : *leurs*, lisez : *ses*.

Page 135, ligne 29, au lieu de : *s'asseyait*, lisez : *l'asseyait*.

Page 159, ligne 8, au lieu de : *semblèrent*, lisez : *sembleront*.

Page 171, ligne 13, supprimer le mot *de*.

Page 205, ligne 3, au lieu de : *poser*, lisez : *peser*.

www.ingramcontent.com/pod-product-compliance
Lightning Source LLC
LaVergne TN
LVHW051104060726